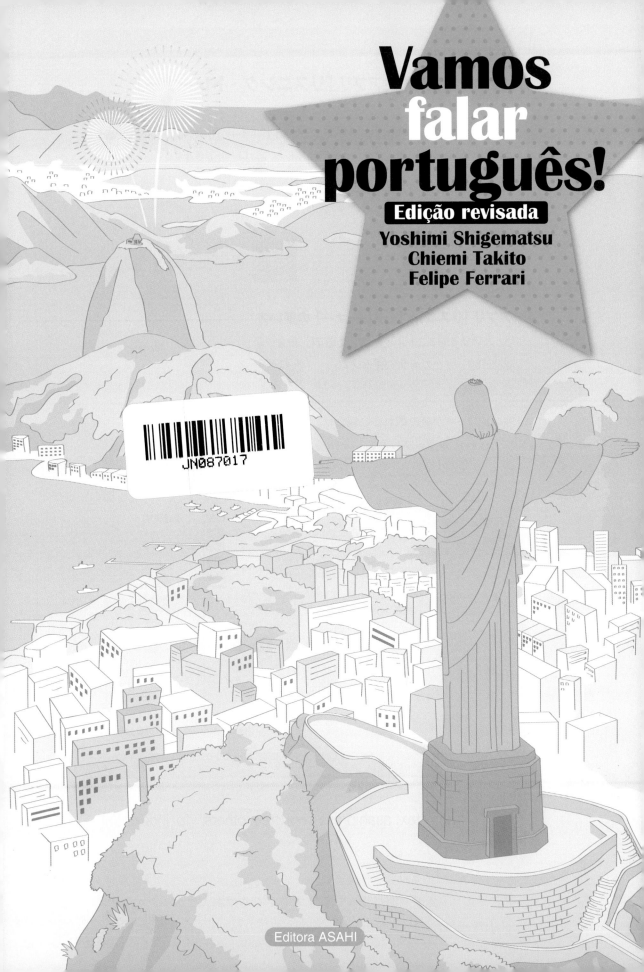

Vamos falar português!

Edição revisada

Yoshimi Shigematsu
Chiemi Takito
Felipe Ferrari

JN087017

Editora ASAHI

音声再生アプリ「リスニング・トレーナー」

朝日出版社開発の無料アプリ、「リスニング・トレーナー（リストレ）」を使えば、教科書の音声をスマホ、タブレットに簡単にダウンロードできます。

まずは「リストレ」アプリをダウンロード

≫ App Storeはこちら　≫ Google Playはこちら

アプリ【リスニング・トレーナー】の使い方

① アプリを開き、「コンテンツを追加」をタップ

② QRコードをカメラで読み込む

③ QRコードが読み取れない場合は、画面上部に **55505** を入力し「Done」をタップします

ここがポイント！

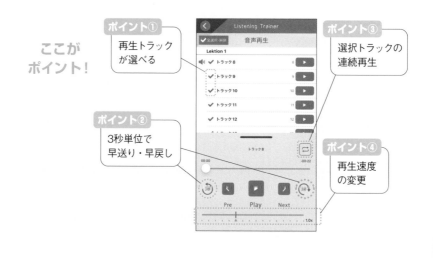

ポイント① 再生トラックが選べる

ポイント③ 選択トラックの連続再生

ポイント② 3秒単位で早送り・早戻し

ポイント④ 再生速度の変更

QRコードは㈱デンソーウェーブの登録商標です

 http://text.asahipress.com/free/others/vfp/index.html

装丁－明昌堂　イラスト－くるすあんご

ポルトガル語に興味をもったあなたへ

　このテキストは、ブラジル・ポルトガル語を学ぶための入門書です。各課は以下の4つの部分で構成されており、ヨーロッパ共通参照枠A1レベルの語学力を目指します。

◆ Diálogo（会話）

　ブラジルの大学に留学中のMaiとTakutoが、日本語を専攻するブラジル人大学生Felipeとの交流を通して、日常生活でよく使われる表現を学んでいくストーリーとなっています。ここでの会話は、医療現場やビジネスでブラジル人と交流されている方にも、すぐに活用していただけるものです。

◆ Gramática（文法）

　会話で使用された文法のポイントを学びます。

◆ Vamos treinar!（問題を解きましょう！）

　学んだ文法事項を確認します。

◆ Vamos praticar!（実践しましょう！）

　学んだ表現を使って、巻末の語彙集を活用しながら会話を楽しんでください。

　ブラジルは日本の約23倍もの面積をもつ国であり、地域性も顕著に異なります。そのブラジル文化の多様性をお伝えするために、6つのコラムを用意しました。

　世界にはポルトガル語を母語とする人が約2億人います。ポルトガルの人口は約1,000万人ですが、2億人近い人口を抱えるブラジルと、アフリカ・アジアの旧植民地での公用語となっています。ポルトガル語は、多くの人々によって、そして複数の大陸にまたがって話されているのです。そして、ここ日本にも多くのブラジル人が住んでいます。あなたの近隣に、教室に、また職場にブラジル人の仲間はいませんか。本テキストでポルトガル語を学んで、ともにブラジルへの一歩を踏み出しましょう。

　それでは、Vamos falar português!

改訂版によせて

　本テキストの初版が出版されてから6年がたち、多くの方々から貴重なご意見をいただきました。改訂版の出版を機に、新たに2名の著者が加わり、より実践的なポルトガル語が身に付く内容になったと自負しております。イラストレーターのくるすあんごさんには、テキストの世界観を生き生きと表現していただきました。朝日出版社の山田敏之さんには、初版のときと同様に最後まで根気強く執筆者の要望に応えていただきました。この場をお借りして心より御礼申し上げます。

著者

ÍNDICE 目次

0 ALFABETO E PRONÚNCIA

02 **1** アルファベット

A a	ア	**B b**	ベ	**C c**	セ	**D d**	デ	**E e**	エ
F f	エフィ	**G g**	ジェ	**H h**	アガ	**I i**	イ	**J j**	ジョタ
K k	カ	**L l**	エリ	**M m**	エミ	**N n**	エニ	**O o**	オ
P p	ペ	**Q q**	ケ	**R r**	エヒ	**S s**	エスィ	**T t**	テ
U u	ウ	**V v**	ヴェ	**W w**	ダブリゥ	**X x**	シィス	**Y y**	イプスィロン
Z z	ゼ								

2 つづり字記号

〔´〕	acento agudo	母音が開口音であり、その位置にアクセントがあることを示す。
〔^〕	acento circunflexo	母音が閉口音であり、その位置にアクセントがあることを示す。
〔`〕	acento grave	文法的な機能を示す(前置詞と定冠詞の縮合形)。
〔~〕	til	母音の上につけて、鼻母音であることを示す。
〔¸〕	cedilha	cの下に付けて、サ行の音であることを示す(ça サ, ço ソ, çu ス)。

03 **3** 母音

1）口母音

息が口腔だけを通って発音されます。

a	[a]		amigo 友だち	família 家族
e	[ɛ]	開口音(「ア」の口の開さで「エ」を発音)	ela 彼女	café コーヒー
	[e]	閉口音(日本語の「エ」に近い音)	ele 彼	você あなた

▶アクセントのない e、特に語末の e は [i] と発音されることが多いです。 nome 名前

i	[i]		comida 食べ物	bonito 素敵な
o	[ɔ]	開口音(「ア」の口の開きで「オ」を発音)	escola 学校	avó 祖母
	[o]	閉口音(日本語の「オ」に近い音)	telefone 電話	avô 祖父

▶アクセントのない o、特に語末の o は [u] と発音されることがあります。 obrigado ありがとう

u	[u]		futuro 未来	ônibus バス

2）鼻母音（ã、母音 ＋ m, n）

息が口腔と鼻腔の両方を通って発音されます。

am, an, ã	[ẽ]	estudante 学生	irmã 姉妹
em, en	[ẽ]	tempo 時間	dentista 歯医者
im, in	[ĩ]	sim はい	inglês 英語
om, on	[õ]	bom よい	ponto 点
um, un	[ũ]	junto 一緒に	mundo 世界

4 二重母音 ⁰⁴

2つの母音が並び、一息に発音されます。

1）二重口母音（母音 ＋ i または u）

ai	[aj]	pai 父
au	[aw]	aula 授業
ei	[ej]	maneira 方法
éi	[ɛj]	hotéis ホテル（複数）
eu	[ew]	meu 私の
éu	[ɛw]	céu 空
oi	[oj]	dois 2
ói	[ɔi]	lençóis シーツ（複数）
ou	[o]（[ow]）	pouco 少しの
ui	[uj]	cuidado 注意
iu	[iw]	viu （彼は）見た

2）二重鼻母音（鼻母音 ＋ 母音）

ãe	[ẽj]	mãe 母
ão, -am	[ẽw]	não いいえ
-em, -ens	[ẽj]	bem 上手に
õe	[õj]	canções 歌（複数）
ui	[ũj]	muito とても

5 子音 ⁰⁵

基本的にはローマ字読みです。発音とつづりに注意すべき子音について説明します。

ca, co, cu	[k]	カ行	cama ベッド	biblioteca 図書館
ce, ci	[s]	サ行	cesta かご	cinema 映画館
ça, ço, çu	[s]	サ行	cabeça 頭	lição 授業、課

ga, gue, gui, go, gu	[g]	ガ行	gato 猫	guerra 戦争
ge, gi	[ʒ]	ジャ行	gente 人々	gigante 巨大な
gua, gue, gui, guo	[gw]	グァ行	água 水	língua 言語

▶ gue はゲもしくはグェ、gui はギもしくはグィと発音されます。単語ごとに覚えましょう。

3

que, qui	[k]	カ行	questão 質問	máquina 機械
qua, que, qui, quo	[kw]	クァ行	quatro 4	cinquenta 50

▶ que はケもしくはクェ、qui はキもしくはクィと発音されます。単語ごとに覚えましょう。

di, アクセントのない de	[dʒi]	ヂ	dia 日	universidade 大学
ti, アクセントのない te	[tʃi]	チ	tia おば	noite 夜

l	[l]	ラ行	lindo 美しい	fila 列
語末の l, l＋子音	[w]	ウ	Brasil ブラジル	bolsa かばん

▶ la, le, li, lo, lu は、舌先を上の前歯の裏にあてながら発音します。

r	[ɾ]	ラ行	barato 安い	caro 高い
語頭の r, -rr-	[x]	喉の奥から出すハ行	rico 金持ちの	terra 土地

s, -ss-	[s]	サ行	suco ジュース	passo 一歩
母音＋s＋母音、s＋有声子音	[z]	ザ行	casa 家	mesmo 同じ

b	[b]	バ行	boca 口	cabelo 頭髪
v	[v]	ヴァ行	vaca 雌牛	inveja ねたみ

▶ va, ve, vi, vo, vu は、上の前歯を下唇に軽くつけて発音します。

z	[z]	ザ行	beleza 美	fazenda 農場
-z	[s]	ス	luz ランプ	feliz 幸せな

x	[ʃ]	シャ行	peixe 魚	
	[s]	サ行	texto テキスト	
	[ks]	クス	táxi タクシー	
	[z]	ザ行	exemplo 例	

▶ x の発音は規則にこだわらず、単語ごとに覚えましょう。

h	[無音]	発音しない	hospital 病院	hotel ホテル

ch	[ʃ]	シャ行	chá お茶	chuva 雨
lh	[ʎ]	リャ行	filha 娘	alho にんにく
nh	[ɲ]	ニャ行	carinho 優しさ	dinheiro お金

【読み方に注意するべきつづり】

	a		e		i		o		u	
クァ行	qua	クァ	que	クェ	qui	クィ	quo	クォ		-
カ行	ca	カ	que	ケ	qui	キ	co	コ	cu	ク
サ行	ça	サ	ce	セ	ci	スィ	ço	ソ	çu	ス
ガ行	ga	ガ	gue	ゲ	gui	ギ	go	ゴ	gu	グ
グァ行	gua	グァ	gue	グェ	gui	グィ	guo	グォ		-
ジャ行	ja	ジャ	ge, je	ジェ	gi, ji	ジィ	jo	ジョ	ju	ジュ

６ アクセント 〔06〕

1) a, e, o（これに s, m, ns がついても）で終わる単語：最後から 2 番目の音節にアクセントがあります

   janela 窓　　　　　menino 男の子

2) アクセント記号がついている場合：その音節にアクセントがあります

   japonês 日本人　　dicionário 辞書

3) 1)と 2)以外の単語：最後の音節にアクセントがあります

   aqui ここ　　　　　professor 教師

７ 数詞（0〜10） 〔07〕

0 zero	1 um, uma	2 dois, duas	3 três	4 quatro	5 cinco
6 seis	7 sete	8 oito	9 nove	10 dez	

▶ 1 と 2 には、女性形があります。後に女性名詞がくると、女性形を使います。

   um menino 一人の男の子　　uma menina 一人の女の子

▶電話番号や宝くじの発表などでは、seis のかわりに meia「半ダース」が使われます。

   Qual é o número do seu telefone?

   - É 052-75-6148 "zero cinco dois sete cinco meia um quatro oito".

✓ Checar ‖ 音声を聞いて、電話番号を聞き取ってみよう！ 〔08〕

a. táxi：_____

b. aeroporto：_____

c. estação：_____

09 ★挨拶表現 CUMPRIMENTOS

Bom dia.「おはよう。」
Boa tarde.「こんにちは。」
Boa noite.「こんばんは。」

Oi, tudo bem?「やあ、元気？」
— Tudo bem, obrigado / obrigada.　E você?
　　「元気だよ、ありがとう。君は？」

Como vai?「お元気ですか？」
— Vou bem, obrigado / obrigada.「元気です、ありがとう。」
— Mais ou menos.「まあまあです。」
— Ótimo. / Ótima.「最高です。」

Muito prazer.「はじめまして。」
Igualmente.「こちらこそ。」

Até logo.「さようなら。」
Até amanhã.「また明日。」
Até a semana que vem.「また来週。」
Tchau.「バイバイ。」
Bom fim de semana.「よい週末を。」

Desculpe.「ごめんなさい。」
Não foi nada.「何でもないよ。」

Obrigado. / Obrigada.「ありがとう。」
De nada.「どういたしまして。」

10

授業で使う表現

Repita, por favor.
「くり返してください。」
Leia, por favor.
「読んでください。」
Traduza para o japonês, por favor.
「日本語に訳してください。」
Mais devagar, por favor.
「もっとゆっくりお願いします。」

Posso ir ao banheiro?
「トイレへいってもいいですか？」
O que significa ～?
「～は何という意味ですか？」
Como se diz ～ em português?
「ポルトガル語で～はどう言いますか？」

▶▶▶ Diálogo 🎵11

Felipe は、同じ寮に住む Takuto とあいさつを交わし大学へ向かいます。

Felipe : Oi, Takuto, <u>bom dia</u>(1)!　Tudo bem?

Takuto : <u>Bom dia</u>(1), Felipe.　<u>Tudo bem</u>(2), obrigado.　E você?

Felipe : Muito bem, obrigado.　<u>Até logo</u>(3).

Takuto : Tchau.

下線部を①と②に置き換えて、会話をしてみましょう。

① 　(1) こんにちは 　　　　(2) 最高です 　　　　(3) また明日

② 　(1) こんばんは 　　　　(2) まあまあです 　　　(3) よい週末を

▶▶▶ Exercícios：Vamos treinar!

1 下の単語を発音してみましょう。🎵12

1）trabalho 　　2）banheiro 　　3）música 　　4）cem 　　5）carnaval

6）hora 　　7）rádio 　　8）carro 　　9）calça 　　10）estudante

2 相手のあいさつに返答してみましょう。

1）Oi, tudo bem?　—

2）Bom dia.　Como vai?　—

3）Obrigado.　—

4）Desculpe.　—

5）Tchau!　—

6）Muito prazer.　—

3 音声を聞いて、アルファベットを書きましょう。🎵13

【ブラジルでよく用いられる略語】

1）　　　　　　　　2）　　　　　　　　3）

【ブラジル人が来日後に使うようになった略語】

1）　　　　　　　　2）　　　　　　　　3）

1 UM CAFÉ, POR FAVOR.

14 ▶▶▶ **Diálogo**

授業後に大学の食堂で、Felipe と Takuto は休憩しています。

Felipe : Garçom, um café (1), por favor.　E você?

Takuto : Uma água mineral (2), por favor.

💡 下線部を①と②に置き換えて、会話をしてみましょう。
① 　(1) ビール 2 杯　　　(2) 紅茶 3 杯
② 　(1) パステウ 4 つ　　(2) コシーニャ 5 つ

▶▶▶ **Gramática**

15 ■ 名詞の性

1) 自然の性がある名詞(雄雌)は、文法上の性は自然の性と一致します。

男性名詞：pai　　amigo　　japonês　　professor　　estudante　　dentista
女性名詞：mãe　　amiga　　japonesa　　professora　　estudante　　dentista

【男性形から女性形の作り方】

男性名詞で -o で終わるものは -o を -a に、-r や -ês で終わる名詞は a を加える(-ra, -esa)と女性名詞になります。-e や -ista で終わる名詞は男女同形です。

2) 自然の性をもたない名詞(無生物)は、一般的に -o で終わる語は男性名詞、-a で終わる語は女性名詞と判断できます。

男性名詞：livro　　caderno　　dicionário
女性名詞：escola　　caneta　　biblioteca

▶ -agem, -ção, -dade で終わる語は、女性名詞である場合が多いです。
　　viagem　　estação　　universidade

✓ **Checar** 男性名詞ならば ⓜ(masculino)、女性名詞ならば ⓕ(feminino)を書き込みましょう。

a. carro 　(　　　)　　　　　　b. hospital (　　　)
c. felicidade (　　　)　　　　　d. prova 　(　　　)
e. educação (　　　)　　　　　f. celular 　(　　　)

② 名詞の数 🔘16

1) 母音で終わる名詞　　　：＋ s　　　　carro → carros　　　　aula → aulas

2) -r, -s, -z で終わる名詞：＋ es　　　professor → professores

　　　　　　　　　　　　　　　　chinês → chineses
　　　　　　　　　　　　　　　　▶ -ês → -eses となり "＾" が落ちます

3) -m で終わる名詞　　　：-m → -ns　jovem → jovens　　　homem → homens

4) -l で終わる名詞　　　　：-l → -is　hospital → hospitais　papel → papéis
　　　　　　　　　　　　　　　　▶アクセントのある -el, -ol → -éis, -óis

③ 冠詞 🔘17

冠詞は、名詞の性と数にあわせて変化します。

1) 定冠詞：特定できる名詞の前に置かれます「その〜、例の〜」

	単数	複数
男性	o	os
女性	a	as

o livro　　os livros

a caneta　as canetas

▶名前の前に定冠詞をつけると、「知り合い」や「親しみ」を表現できます。
　　　a Kana カナちゃん　　　o Masato マサト君

2) 不定冠詞：特定されない名詞の前に置かれます「ある〜、ひとつの〜」

	単数	複数
男性	um	uns
女性	uma	umas

um amigo

uma amiga

▶複数形 uns と umas には「いくつかの〜」という意味があります。
　　　uns amigos 数人の友人たち

④ 数詞（11〜30）🔘18

11 onze	12 doze	13 treze	14 quatorze
15 quinze	16 dezesseis	17 dezessete	18 dezoito
19 dezenove	20 vinte	21 vinte e um / uma	22 vinte e dois / duas
23 vinte e três	24 vinte e quatro	29 vinte e nove	30 trinta

▶十の位と一の位を e（英語の and）でつなぎます。

▶21 や 22 は、後に女性名詞がくると uma, duas を使います。
　　　vinte e uma pessoas　　　vinte e duas lapiseiras

1 次の男性名詞を女性名詞にしましょう。

1）aluno　　　→ _____

2）namorado　→ _____

3）jornalista　→ _____

4）comerciante → _____

5）português　→ _____

6）vendedor　　→ _____

2 次の名詞を複数形にしましょう。

1）aula　　→ _____

2）médico　→ _____

3）trem　　→ _____

4）jogador　→ _____

5）rapaz　→ _____

6）jornal　→ _____

3 次の名詞に定冠詞と不定冠詞をつけましょう。

1）（　　　/　　　）estojos

2）（　　　/　　　）perguntas

3）（　　　/　　　）passagem

4）（　　　/　　　）cidade

5）（　　　/　　　）aula

6）（　　　/　　　）nome

4 ポルトガル語に訳してみましょう。

caderno	borracha	papel	computador	dicionário	caneta
ノート	消しゴム	紙	パソコン	辞書	ペン

1）2 冊のノート _____

2）2 個の消しゴム _____

3）10 枚の紙 _____

4）15 台のパソコン _____

5）30 冊の辞書 _____

6）22 本のペン _____

5 例にならって、計算をしてみましょう。

> *Exemplo*：um japonês ＋ seis japonesas ＝ sete japoneses

1）oito amigas ＋ cinco amigas ＝ _____

2）dezessete meninos ＋ duas meninas ＝ _____

3）quatorze professoras ＋ um professor ＝ _____

4）onze médicas ＋ dez médicas ＝ _____

▶▶▶ **Exercícios : Vamos praticar!**

1 例にならって、ポルトガル語で会話してみましょう。「Vamos treinar! **4**」のアイテムを指さしながら質問してみましょう。 🄳19

Exemplo :

◁ *O que é isto?*

◁ *O que é isto?*

Isso é um caderno. ▷

Isso é uma borracha. ▷

2 いろいろな単語をポルトガル語で何というか、クラスメートに質問してみましょう。 🄳20

Exemplo :

◁ *Como se diz "Shigoto" em português?*

◁ *Obrigado.*

"Trabalho". ▷

De nada. ▷

Exemplo：仕事		1）本	
2）テスト		3）図書館	
4）カバン		5）〈自由問題〉	

3 この課に出てきた単語を使って、その意味を聞いてみましょう。

Exemplo：A：*O que significa "trabalho"?*　　B：*"Shigoto".*

　　　　　 A：*Obrigado.*　　　　　　　　　　　B：*De nada.*

　　～ブラジルのポルトガル語とポルトガルのポルトガル語～

　この教科書では、ブラジルのポルトガル語（〈ブ〉）を扱っていますが、ポルトガルで使われているポルトガル語（〈ポ〉）とは文法や発音などで異なる点があります。また、日常的に使用する単語も違うことがあります。

電車	〈ブ〉trem	〈ポ〉comboio
バス	〈ブ〉ônibus	〈ポ〉autocarro
トイレ	〈ブ〉banheiro	〈ポ〉casa de banho
朝食	〈ブ〉café da manhã	〈ポ〉pequeno almoço
携帯電話	〈ブ〉celular	〈ポ〉telemóvel

²¹ ▶▶▶ **Diálogo**

> 食堂に Takuto の友だちの Mai が来ました。Felipe は Mai に話しかけます。

Felipe : Eu sou Felipe.　Sou estudante de japonês ₍₁₎.　Muito prazer.

Mai : Igualmente.　Sou Mai.　Você é brasileiro ₍₂₎?

Felipe : Sim, sou brasileiro ₍₂₎, sou de São Paulo ₍₃₎.　Você é japonesa ₍₄₎?

Mai : Sim, sou japonesa ₍₄₎.

Felipe : De onde você é?

Mai : Sou de Nagoia ₍₄₎.　Sou amiga do Takuto.
　　do Takuto「タクトの」

 下線部を①と②に置き換えて、会話をしてみましょう。必要に応じて、名詞を女性形にしましょう。

① （1）銀行員　　（2）イギリス人　　（3）ロンドン Londres　　（4）中国人、北京 Pequim

② （1）歯医者　　（2）スペイン人　　（3）マドリッド Madri　　（4）韓国人、ソウル Seul

▶▶▶ **Gramática**

²² **主格人称代名詞と動詞 SER の活用**

eu 私	*sou*	nós 私たち	*somos*
você あなた、君		vocês あなたたち、君たち	
ele 彼、それ	*é*	eles 彼ら、それら	*são*
ela 彼女、それ		elas 彼女たち、それら	
o senhor あなた（男性）		os senhores あなたたち（男性）	
a senhora あなた（女性）		as senhoras あなたたち（女性）	

 ブラジルの多くの地域では 2 人称の tu と vós は使われなくなっており、2 人称を意味するために文法上 3 人称である você と vocês を使うようになっています。

▶ 初対面の人や目上の人に対しては、o senhor, a senhora を使います。

▶ 主語が分かりきっているときは、省略することができます。　Sou estudante.「私は学生です。」

2 動詞 SER の用法 ㉓

1)【主語 ＋ ser ＋ 補語】「～は…である」(補語は主語の性・数に一致して変化します)

◆ 名前　Qual é o seu nome?　— Meu nome é Kana. / Eu sou Kana.

　　　　Ele é o Roberto.　　　　　　Ela é a Cristina.

◆ 職業　Qual é a sua profissão?　— Eu sou estudante.

　　　　Ela é professora.　　　　　Nós somos enfermeiros.

✅ **Checar** "Ele é funcionário." の主語を変えて、文章を完成させましょう。

a. Eu（男性）_____.　　b. Ela　_____.

c. Eles　_____.　　d. Nós（女性）_____.

2)【主語 ＋ ser ＋ de ＋ 地名】「～出身です」

◆ 出身　De onde você é?　— Eu sou do Japão, de Nagoia.

▷国名には定冠詞がつきます。しかし、州、市、都道府県にはつきません（例外：Portugal ポルトガル、o Rio de Janeiro リオ・デ・ジャネイロ）。

▷前置詞 de と定冠詞の縮合形：**de + o ⇒ do　de + os ⇒ dos　de + a ⇒ da　de + as ⇒ das**
　Ela é do Brasil.　　Eles são da Inglaterra.

▷国籍　Eu sou japonês / japonesa.「私は日本人です。」

✅ **Checar** 出身地を表す文章を完成させましょう。

a. Eu sou _____ Japão.　　b. Ela é _____ Estados Unidos.

c. Eles são _____ Alemanha.　　d. O senhor é _____ China?

3 疑問文と否定文 ㉔

1) 疑問文は文末に "?" をつけ、最後の単語のアクセントをより強く発音します。

　Ele é coreano?　　Vocês são estudantes?

2) 否定文は、動詞の前に não をつけるだけです。

　O senhor é médico?　— Sim, eu sou médico.

　Vocês são do Japão?　— Não, nós não somos do Japão.

> sim「はい」
> não「いいえ」

▷ポルトガル語の「いいえ」と「～ない」(英語の no と not)は同じ単語です。

▷「はい」の答え方：口語では、sim を使わずに疑問文で用いられた動詞のみで答えることが多いです。Você é brasileira?　— Sou.

▶▶▶ Exercícios : Vamos treinar!

1 主語に合わせて動詞 ser を活用させ、(　　) 内に書き入れましょう。

1）Eu（　　　　　）professor.
2）Você（　　　　　）professora?
3）Nós（　　　　　）bancários.
4）Eles（　　　　　）médicos.
5）O senhor（　　　　　）advogado?
6）Ela（　　　　　）a Ana.

2 下線部の語を（　　）内の語に変え、文全体を書き換えましょう。

　　Exemplo：Ele é cozinheiro.（ela）→ Ela é cozinheira.

1）Você é enfermeiro?（eles）
2）Ela é engenheira.（nós「男性」）
3）Eu sou cantor.（elas）
4）Eles são dentistas. （eu「男性」）

3 例にならって、出身と国籍をポルトガル語で表現しましょう。

　　Exemplo：ele / o Peru → Ele é do Peru.　　Ele é peruano.

1）ela / a Espanha
2）eu「男性」/ a China
3）eles / a Inglaterra
4）eu e o Rafael / o Brasil

4 表を見て、質問にポルトガル語で答えましょう。否定で答える際には、正しい答えを書きましょう。

名前	Daniela	Jonas	Manuel, Maria
出身：国、都市	o Brasil, São Paulo	a Alemanha, Berlim	Portugal, Lisboa
職業（男性形表記）	médico	jornalista	professor

1）De onde é a Daniela?　—
2）A Maria é médica?　—
3）O Manuel e a Maria são brasileiros?

　　—
4）O Jonas é estudante?　—

▶▶▶ **Exercícios：Vamos praticar!**

1 他の人物になりきって、インタビューをしてみましょう。 **25**

Exemplo：

> *Oi, tudo bem?　Meu nome é Cláudia.　Muito prazer.*

> *Igualmente.　Eu sou Gabriel. De onde você é?*

> *Eu sou do Brasil, de São Paulo.　E você?*

> *Eu sou da França, de Paris. Você é estudante?*

> *Não, eu sou professora.　E você?*

> *Eu sou engenheiro.*

> *Qual é o número do seu telefone?*

> *É 22-3456.*

> *Qual é o endereço do seu e-mail?*

> *Ai, ai ...*

	Exemplo：	VOCÊ	COLEGA
Nome 名前	*Gabriel*		
Origem 出身	*a França, Paris*		
Profissão 職業	*engenheiro*		
Telefone 電話番号	*22-3456*		

2 音声を聞いて（　　）内を埋めましょう。次に、質問にポルトガル語で答えましょう。 **26**

1）Qual（　　　　　） o seu nome?　— ....

2）De onde（　　　　　） é?　— ....

3）Você é（　　　　　）?　— ....

4）Você é（　　　　　）?　— ....

～ブラジルの民話 folclore～

　folclore には、たくさんの妖怪が登場します。Saci-pererê（後述）、Curupira（森を守る赤毛の男の子）、Boitatá（炎の蛇）、Iara（アマゾン川の人魚）などは、知らないブラジル人がいないほど有名です。
　Saci-pererê は赤い帽子を被ってパイプを吸っている一本足の妖怪で、とてもいたずら好きです。Saci-pererê は深夜に森へ出て、つむじ風を起こし、動物や夜更かししている子どもをびっくりさせたり、人間の大切なものを隠したりします。朝起きた時、メガネや財布が見つからなかったら、それは Saci-pererê の仕業かもしれませんよ。

3

A SUA MOCHILA É BONITA!

▶▶ **Diálogo**

Felipe は、Mai の持ち物をほめています。

Felipe ： A sua <u>mochila</u>₍₁₎ é bonita!

Mai ： Ah, não é minha.　Esta mochila é da <u>minha irmã</u>₍₂₎.

Felipe ： Esse <u>relógio</u>₍₃₎ é seu?　É muito <u>bonito</u>₍₄₎!

Mai ： Sim, este <u>relógio</u>₍₃₎ é meu.　É um presente da minha mãe.

下線部を①と②に置き換えて、会話をしてみましょう。下線部以外も修正する必要があります。

　① （1）帽子　　　（2）私の兄　　（3）スカート　　（4）現代的な

　② （1）メガネ　　（2）タクト　　（3）ズボン　　　（4）素敵な

▶▶ **Gramática**

 1 形容詞

基本的に、形容詞は名詞の後ろに置かれ、修飾する名詞の性・数に合わせて変化します。

1）男性形から女性形への変化の仕方

◆ -o で終わる形容詞は、-o が -a, -os, -as に変化します。

o carro nov*o*, a casa nov*a*, os carros nov*os*, as casas nov*as*

◆ -e, -l, -m, -z で終わる形容詞は男女同形です。

o menino alegr*e*, a menina alegr*e*, os meninos alegr*es*, as meninas alegr*es*

◆ 「よい～」（不規則形）: ***bom, boa, bons, boas***

　▶あいさつ表現では、形容詞が名詞の前に置かれます。

Bom apetite!　Boa viagem!　Boa sorte!　Feliz Natal!　　　Feliz Aniversário!

召し上がれ！　よい旅を！　幸運を！　メリークリスマス！　ハッピーバースデー！

2）【用法】主語 + SER + 形容詞

永続的な性質や性格を表します。

Ele é sério.　　　　　　　　　　　　Elas são altas e magras.

Como é o seu professor?　— Ele é muito simpático, mas um pouco tímido.

「とても」muito + 形容詞／副詞	「少し」um pouco + 形容詞／副詞
「たくさんの」muito/ta/tos/tas + 名詞	「少しの」um pouco de + 名詞

② 指示形容詞・指示代名詞 ²⁹

指示形容詞は名詞の前に置かれ、指示する名詞の性・数に合わせて変化します。

	単数		複数	
	男性	女性	男性	女性
これ、この	este	esta	estes	estas
それ、その	esse	essa	esses	essas
あれ、あの	aquele	aquela	aqueles	aquelas

esta mochila   estes óculos   Esse carro é novo.

③ 所有表現 ³⁰

1）所有形容詞（所有するものの性・数に合わせて変化します）

【語順】（定冠詞）＋ 所有形容詞 ＋ 名詞

所有者	所有するもの			
	単数		複数	
	男性形	女性形	男性形	女性形
私の	meu	minha	meus	minhas
あなたの	seu	sua	seus	suas
私たちの	nosso	nossa	nossos	nossas

▶書き言葉では、seu は「あなたの、彼の、彼女の、あなたたちの、彼らの、彼女たちの」という意味になりますが、口語では普通は「あなたの」を意味します。

　（o）meu celular　　（as）minhas calças　　（o）seu casaco　　（a）nossa casa

2）"de" を用いる所有表現【de ＋ 人称代名詞】

【語順】定冠詞 ＋ 名詞 ＋【de ＋ 人称代名詞】

彼の	dele（de ＋ ele）	a família dele
彼女の	dela（de ＋ ela）	os pais dela
あなたたちの	de vocês	o pai de vocês
彼らの	deles（de ＋ eles）	a mãe deles
彼女たちの	delas（de ＋ elas）	

▶ 【de ＋ 普通名詞 / 固有名詞】

　o relógio do meu professor　　　　　a amiga da Mai

3）主語 ＋ ser ＋ 所有表現「〜のものです」

所有形容詞（主語の性・数に一致させる）	" de "を用いる所有表現
Este casaco é meu.	Este casaco é dele.
Estas calças brancas são minhas.	Estas calças brancas são dele.

▶▶▶ Exercícios : Vamos treinar!

1 例にならって、(　)内の形容詞を名詞に合わせて変えましょう。

> *Exemplo* : os carros（novo → *novos*）

1）os professores（alto → 　　　　）　　2）a cidade（bonito → 　　　　）

3）as bolsas（preto → 　　　　）　　4）as alunas（alegre → 　　　　）

5）os meninos（feliz → 　　　　）　　6）（Bom → 　　　　）viagem!

2 例にならって、(　)内の人に該当する所有表現を書き込みましょう。

> *Exemplo* :（eu → *meu*）pai

1）（eu → 　　　　）irmã　　2）o tio（ela → 　　　　）

3）（você → 　　　　）pais　　4）（nós → 　　　　）mãe

5）a filha（Antônio → 　　　　）　　6）a amiga（meu irmão → 　　　　）

3 下線部の語を(　)内の語に変え、文全体を書き換えましょう。

> *Exemplo* : Meu pai é alto e gordo.（mãe）→ *Minha mãe é alta e gorda.*

1）Seu namorado é muito carinhoso.　（namorada）

→ ....

2）Minha amiga é bonita, mas um pouco quieta.　（amigos）

→ ....

3）Aqueles alunos brasileiros são inteligentes.　（aluna）

→ ....

4）Esta saia vermelha é minha.　（sapatos）

→ ....

4 ポルトガル語に訳しましょう。

1）私の先生（女性）はブラジル人で、とても感じがいいです。

....

2）この青色のリュックサックはあなたのものです。

....

3）彼のメガネは新しい。

....

▶▶▶ Exercícios : Vamos praticar!

1 以下のカバンの語彙を使って、「(誰)の－」と書きましょう。複数のアイテムもあるので注意しましょう。

私の | あなたの | 彼の | 私たちの

私の	あなたの	彼の	私たちの
Ex. : anel ① calça	② celular ③ óculos	④ mochilas ⑤ chapéu	⑥ cachorro ⑦ camisetas

Ex. : (o) meu anel ② .... ④ .... ⑥ ....

① .... ③ .... ⑤ .... ⑦ ....

2 例にならってポルトガル語で表現しましょう。

Exemplo :【この指輪】(私)

A : *De quem é este anel?* B : *Esse anel é meu.*

1)【そのズボン】(私)

.... ─ ....

2)【これらのリュックサック】(彼)

.... ─ ....

3)【あの犬】(私たち)

.... ─ ....

3 音声を聞いて、説明している人物の名前を書きましょう。 **31**

	: 男性
	: 女性
( )	: 年齢

José (77) ── Maria (72)

Kenji (45) ── Ana (44) | Sérgio (48) ── Márcia (45)

Teruo (15) ── Mônica (12) | Antônio (22) | eu (19) | Sônia (15)

1) .... 2) .... 3) ....

4) .... 5) .... 6) ....

4 Você fala português muito bem!

▶▶▶ **Diálogo**

Felipe と Mai の会話は続きます。

Felipe : Você <u>fala português</u>(1) muito bem!

Mai: : Não, eu não <u>falo</u>(1) muito bem.

Eu <u>estudo</u>(2) com uma amiga brasileira <u>nos fins de semana</u>(3).

Você <u>estuda japonês</u>(2) sozinho?

Felipe : Sim, eu <u>estudo</u>(2) sozinho.

Eu preciso de uns amigos para praticar.

Mai : Nós já somos amigos!

muito bem「とても上手に」 sozinho「一人で」 já「既に」

💡 下線部を①と②に置き換えて、会話をしてみましょう。

① (1) ポルトガル語を理解する (2) ドラマ novela を見る (3) 毎晩

② (1) フォホ forró を踊る (2) 練習する (3) 毎日

▶▶▶ **Gramática**

1 直説法現在（規則動詞：-ar, -er, -ir 動詞）

動詞の語尾は、-ar, -er, -ir で終わります。規則動詞は、主語に合わせて語尾が4つに活用します。現在と、近い未来の事柄を表します。

	-ar	falar	-er	comer	-ir	partir
eu	-o	fal*o*	-o	com*o*	-o	part*o*
você, ele, ela	-a	fal*a*	-e	com*e*	-e	part*e*
nós	-amos	fal*amos*	-emos	com*emos*	-imos	part*imos*
vocês, eles, elas	-am	fal*am*	-em	com*em*	-em	part*em*

Ela fala inglês muito bem.　　Eu gosto muito de futebol.

Nós estudamos chinês.　　Eles tomam café da manhã todos os dias.

Ele come muito.　　Eu entendo um pouco de alemão.

Você abre a loja amanhã?　　Nós partimos para Tóquio hoje.

✓**Checar** 主語に合わせて動詞を活用させましょう。

a. Ela（comprar:).   b. Nós（almoçar:).

c. Você（jantar:).   d. Eu（aprender:).

e. Eles（beber:).   f. O senhor（assistir:).

② 前置詞 ³⁴

【場所】「〜で、〜に」	**em**
【所属・所有】「〜の」 【出身・出発点】「〜から」	**de**
【方向】「〜へ、〜に」	**a**
【方向】「〜へ、〜に」 【関与】「〜にとって」 【目的】「〜のために」	**para**
【相手】「〜と」	**com**

＊書き言葉でよく使われます。

＊話し言葉でよく使われます。

＊ comigo 私と　conosco 私たちと

▶com 以外の前置詞の後に「私」が来るときは、mim を使います。Este presente é para mim?

Ela trabalha em Osaka.   Nós somos de Paris.

Vocês viajam a Quioto?   Eu telefono para você esta noite.

Nós estudamos para a prova.   Meu pai trabalha com ela.

O pai dela trabalha comigo.

✓**Checar** 日本語に合うように（　）内に前置詞を書き入れましょう。

a. Ela mora（   ）Nagoia.「彼女は、名古屋に住んでいます。」

b. Eu viajo（   ）Okinawa amanhã.「私は、明日沖縄へ旅行に行きます。」

c. Eu trabalho（   ）ela.「私は、彼女と働いています。」

d. Ela trabalha（   ）.「彼女は、私と働いています。」

③ 前置詞と定冠詞の縮合形 ³⁵

前置詞	定冠詞			
	o	a	os	as
em	no	na	nos	nas
de	do	da	dos	das
a	ao	à	aos	às

Ela trabalha no Brasil.   Nós somos da França.

Este carro é do meu irmão.   Minhas amigas viajam à Espanha.

▶▶▶ **Exercícios : Vamos treinar!**

1 ( )内の動詞を現在形に活用させましょう。

1) Eu (gostar :) muito de comida italiana.

2) Ela (falar :) um pouco de francês.

3) Eles (jogar :) futebol todos os dias.

4) Nós (aprender :) a dança.

5) Você (partir :) para Tóquio amanhã?

2 ( )内の動詞を活用させ、[ ]には前置詞を書き入れましょう。必要な場合は、前置詞と定冠詞の縮合形を入れましょう。

1) Ele (morar:) [ ] São Paulo.「彼は、サンパウロに住んでいます。」

2) Nós (morar:) [ ] Brasil.「私たちは、ブラジルに住んでいます。」

3) Meu amigo (ser:) [ ] Peru.「私の友人は、ペルー出身です。」

4) Os pais dele (ser:) [ ] Lima.「彼の両親は、リマ出身です。」

5) Sônia (chegar:) [ ] Tóquio hoje.「ソニアは、今日東京に着きます。」

6) Eu (chegar:) [ ] China hoje.「私は、今日中国に着きます。」

7) Vocês (assistir:) [ ] aulas?「あなたたちは、授業に出ていますか？」

8) Eu (assistir:) [ ] filme.「私は、映画を見ます。」

3 ポルトガル語に訳しましょう。

1) 私は旅行することが大好きです。

....

2) 彼女は友人たちと食堂（refeitório）で昼食をとります。

....

3) あなたは日本語を理解していますか。―はい、少し理解しています。

....

～日本語とポルトガル語の混合言語～

　日本に住んでいるブラジル人たちが、ユーモアを込めて、また仲間意識を確認するために、日本語とポルトガル語を混合させて会話することがあります。

　　　Vamos *gambatear* hoje.「今日はがんばりましょう。」

　　　Temos que *kensar* essa peça.「私たちはその部品を検査しなければならない。」

gambatear（gambate「がんばって」＋ -ar）も *kensar*（kensa「検査」＋ -ar）も -ar 動詞ですね。

▶▶▶ Exercícios : Vamos praticar!

1 例にならってクラスメートと会話をしましょう。(36)

> *Exemplo* : falar (português, inglês, espanhol)

> *Você fala português?*
>
> *Não, eu não falo.*

> *Sim, eu falo um pouco.*
> *E você? Fala inglês?*

1) estudar (chinês, coreano, alemão)　　2) beber (suco, chá, cerveja)

3) assistir a ～ (as aulas, a novela, o jogo de futebol)

2 例にならって「(どこ)で」と「(誰)と」をつけて、クラスメートと会話をしましょう。(37)

> *Exemplo* : morar / o interior / família → amiga

> *Você mora no interior?*
>
> *Você mora com sua família?*

> *Sim, eu moro no interior.*
>
> *Não, eu moro com minha amiga.*

1) comprar / o supermercado / mãe → amigo

2) jantar / o restaurante / família → colegas

3) comer / a lanchonete / amigos → sozinho/sozinha

3 動詞を活用させて質問文を完成させ、クラスメートと質問し合いましょう。

PERGUNTAS	EU
Exemplo: Você (morar: *mora*) em Nagoia?	*Não, eu moro em Gifu.*
Você (estudar:　　　　) português?	
Você (gostar:　　　) de viajar?	
Você (entender:　　　　) chinês?	
Você (assistir:　　　　) às aulas todos os dias?	

4 音声を聞いて(　　)内を埋めましょう。次に、質問にポルトガル語で答えましょう。(38)

1) Você (　　　　　) inglês? — ....

2) Você (　　　　　) em Tóquio? — ....

3) Você (　　　　　) às aulas todos os dias? — ....

4) Você (　　　　　) português? — ....

O QUE VOCÊ VAI FAZER HOJE À NOITE?

▶▶▶ Diálogo

> Mai は Felipe を映画に誘っています。

Mai : O que você vai fazer hoje à noite?

Felipe : Eu vou ficar em casa.

Mai : Vamos ao cinema ₍₁₎?

Felipe : Não, eu não vou.

Mai : Por que você não vai?

Felipe : Porque amanhã tem prova de japonês ₍₂₎. Eu tenho que estudar ₍₃₎.

Mai : Não tem problema. Eu vou ensinar para você.

下線部を①と②に置き換えて、会話をしてみましょう。

① (1) 祭り festa　　　　　(2) 日本語の授業　　　　(3) 準備する

② (1) 一緒に juntos 夕食をとる　(2) プレゼン apresentação　(3) 調べる

▶▶▶ Gramática

1 動詞 IR

eu	*vou*
você, ele, ela	*vai*
nós	*vamos*
vocês, eles, elas	*vão*

1) ir a / para ～ 「(場所)へ行く」

Eu vou à universidade de metrô.

Ela vai para a escola de ônibus.

【交通手段】

◆ **de** + trem 電車, ônibus バス, táxi タクシー, carro 車, metrô 地下鉄, avião 飛行機, bicicleta 自転車, moto バイク, carona 乗せてもらう

◆ **a** pé 徒歩で

Como você vai ao trabalho?　— Eu vou de carro.

☑**Checar** 日本語に合うように(　)内にポルトガル語を書き入れましょう。

a. Eles (　　　　) (　　) escritório de (　　　　　　　　).「彼らは車で事務所へ行く。」

b. Ela (　　　　) (　　) estação de (　　　　　　　　).「彼女は自転車で駅へ行く。」

c. Eu (　　　　) (　　) Estados Unidos de (　　　　　　　　).「私はアメリカへ飛行機で行く。」

2)【未来表現】ir + 不定詞「〜するつもりです」

Eu vou ligar para você hoje à noite.　　Eles vão visitar Tóquio na semana que vem.

▶「〜へ行くつもりです」を表現する際には、不定詞の ir は省略します。

Vou ir a Osaka amanhã.

3) Vamos + 不定詞「〜しましょう」

Vamos descansar!　　　　　　　Vamos à praia?　― Vamos!

2 動詞 TER 41

eu	*tenho*
você, ele, ela	*tem*
nós	temos
vocês, eles, elas	*têm*

1)【所有】「持っている」

Eu tenho muitos livros.

Quantos anos você tem?

― Eu tenho dezenove anos.

2)【存在】tem ＋名詞（単数または複数）「〜がある」（口語的表現）

主語は不要で、動詞は 3 人称単数で用いられます。

Tem prova na semana que vem.　　Tem muitos refeitórios na minha universidade.

3)【義務・必要】ter que + 不定詞「〜しなければならない」

Vocês têm que falar português.　　　Nós temos que partir.

3 動詞 FAZER「〜を作る」「〜する」 42

eu	*faço*
você, ele, ela	*faz*
nós	fazemos
vocês, eles, elas	fazem

Minha mãe faz bolo frequentemente.

Nós fazemos compras uma vez por semana.

Eu faço vinte e um anos amanhã.

4 疑問詞 43

o que 何	que 何の	qual, quais どれ
quem 誰	como どのように	onde どこ
quando いつ	quanto/ta/tos/tas どれだけの	
por que なぜ（porque なぜなら）		

O que você vai fazer amanhã?　　Que língua você fala?

▶前置詞を伴う場合は、前置詞は疑問詞の前に置かれます。

Com quem você mora?　　　　　Para onde você vai?

Por que você estuda português?　― Porque eu vou ao Brasil no ano que vem.

▶▶▶ **Exercícios : Vamos treinar!**

1 （　　）内の動詞を現在形に活用させましょう。

1）Eu（ir：　　　　　　） à festa de carro.

2）Eles（ir：　　　　　　　） voltar para o Brasil no próximo mês.

3）（nós）（ir：　　　　　　　） pegar este trem!

4）Quantos irmãos você（ter：　　　　　　　　）?　— Eu não（ter：　　　　　　　　） irmãos.

5）Vocês（ter：　　　　　　） que trabalhar hoje à noite.

6）（ter：　　　　　　　） muitos restaurantes bons na minha cidade.

7）Eu sempre（fazer：　　　　　　　） a tarefa em casa.

8）Ela（fazer：　　　　　　　） as unhas uma vez por mês.

2 下線部の語に合う疑問詞を丸で囲み、質問に答えましょう。

> *Exemplo*：Quantos / Quantas irmãos você tem?
>
> — Eu tenho uma irmã mais nova.

1）Quantos / Quantas aulas você tem hoje?　— ....

2）Quantos / Quantas anos você tem?　— ....

3）Quantos / Quantas refeitórios tem na sua universidade?

....— ....

3 下線部の答えを導き出す質問を、疑問詞を使って作りましょう。

1）..?　— Minha professora é muito carinhosa.

2）..?　— Eu almoço com meus amigos.

3）..?　— Eu vou estudar amanhã.

4）..?　— Eu tenho vinte anos.

5）..?　— Eu faço a tarefa à noite.

6）..?　— Porque amanhã eu tenho prova de inglês.

4 ポルトガル語に訳しましょう。

1）私は、普段は駅（estação）へ車で行きます。

....

2）私の街には、ブラジルレストランが一軒あります。

....

3）私は、週に 1 回夕食（o jantar）を作ります。

....

▶▶▶ **Exercícios : Vamos praticar!**

1 巻末の語彙集を参考にして、行き先と行き方を変えて会話してみましょう。 **44**

Para onde você vai?   *Eu vou à biblioteca.*

Como você vai?   *Eu vou de bicicleta.*

2 枠内の表現を使って、これからの予定をポルトガル語で言ってみよう。 **45**

O que você vai fazer depois da aula?

Eu vou estudar para a prova.

estudar para a prova「試験勉強する」	fazer bico「バイトする」
fazer compras「買い物する」	ir ao show「ライブへ行く」
voltar para casa「帰宅する」	jogar video game「ゲームをする」

3 例にならって、クラスメートと会話をしましょう。

Exemplo : jantar fora

A : *Você janta fora frequentemente?*   B : *Não, eu janto fora uma vez por semana.*

1）cantar no karaoquê

....

2）ir ao cinema

....

3）fazer bico

....

4 音声を聞いて（　　）内を埋めましょう。次に、質問にポルトガル語で答えましょう。 **46**

1）Como você（　　　　　　）à universidade?　—..

2）（　　　　　）prova na semana que vem?　—..

3）Você（　　　　　）bico?　—..

4）（　　　　　）aulas você tem hoje?　—..

6 POSSO FALAR COM VOCÊ AGORA?

▶▶▶ Diálogo
47

今日は Takuto が、Felipe を夏祭りに誘っています。

（ao celular）

Takuto : Alô.　Aqui é o Takuto.　Posso falar com você agora?

Felipe : Pode.

Takuto : Você quer ir à festa de verão (1)?

Felipe : Sim, quero muito (2).　Quando nós vamos à festa (1)?

Takuto : Na sexta-feira (3).　Você pode me levar para lá?

Felipe : Sim, posso.

Takuto : Muito obrigado!

　　alô「もしもし」　Aqui é o Takuto.「こちらはタクトです。」

　　Você pode me levar para lá?「私をそこまで連れて行ってくれますか？」

下線部を①と②に置き換えて、会話をしてみましょう。

① （1）映画を見る　　　　　　　（2）大丈夫です　　　（3）土曜日に

② （1）日本料理店で夕食をとる　（2）もちろん　　　（3）7月15日に

▶▶▶ Gramática
48

1 動詞 PODER

eu	*posso*
você, ele, ela	pode
nós	podemos
vocês, eles, elas	podem

1)【可能】poder ＋ 不定詞「〜できる」

　　Elas podem sair esta noite.

　　Onde posso encontrar informações sobre a prova?

2)【許可】Posso ＋ 不定詞？「〜してもいいですか」

　　Posso entrar?　　Posso tirar fotos aqui?

3)【依頼】Você pode ＋ 不定詞？「〜していただけますか」

　　Você pode falar mais devagar?　　Você pode fechar a janela?

　▶ Claro.「もちろん。」　Tudo bem.「大丈夫です。」

　　Desculpe, eu não posso.「申し訳ないが、できません。」

2 動詞 QUERER 🔘49

eu	quero
você, ele, ela	**quer**
nós	queremos
vocês, eles, elas	querem

1）querer ＋ 名詞 /＋ 不定詞「〜がほしい／〜したい」

O irmão dela quer um computador novo.

Eu quero tirar folga amanhã.

Meu filho quer ser cozinheiro.

2）【誘い】Você quer ＋ 不定詞？「〜しませんか」

Você quer ir ao cinema comigo?　　Você quer provar comida brasileira?

▶ Quero muito.「喜んで。」　　Quero, mas não posso.「したいですが、できません。」

Infelizmente eu não posso.「残念ですが、できません。」

☑ **Checar** ‖ 質問にポルトガル語で答えましょう。

a. O que você quer no seu aniversário?　—　..

b. O que você quer ser no futuro?　—　..

3 日付と曜日の表現 🔘50

1）Que dia é hoje?「今日は何日ですか？」　— Hoje é dia treze de maio.

▶「1 日」だけは序数 primeiro を用います。　　Hoje é dia primeiro de janeiro.

2）Que dia da semana é hoje?「今日は何曜日ですか？」　— Hoje é quinta-feira.

3）「〜月に／〜曜日に」

No Japão, as aulas começam em abril.

Quando é o seu aniversário?　— O meu aniversário é no dia vinte e três de agosto.

▶「〜に」を表すために前置詞 em を用います(em 月／no dia 日 de 月／na 月〜金、no 土・日)。

4）「毎週〜曜日に」

Nós temos aula de inglês nas quartas-feiras.　　Esta loja fecha aos domingos.

▶曜日を複数形で用い、「〜に」は前置詞 em もしくは a を用います(nas 月〜金、aos 土・日)。

多くの場合、-feira は省略されます。

4 数詞（31-100） 🔘51

31 trinta e um / uma	32 trinta e dois / duas	33 trinta e três	39 trinta e nove
40 quarenta	50 cinquenta	60 sessenta	70 setenta
80 oitenta	90 noventa	100 cem	

►►► **Exercícios : Vamos treinar!**

1 ( )内の動詞を現在形に活用させましょう。

1） Você（querer： ） tomar um café?　— (Eu)（querer： ）.

2）（Eu）（poder： ） usar o seu computador?

　　—（Você）（poder： ）.

3） Eles（querer： ） viajar de moto no ano que vem.

4） Nós（querer： ） duas passagens para Tóquio.

5） Meu irmão（querer： ） ser jogador de futebol.

2 Felipe のスケジュール表をみて、例にならって質問に答えましょう。

JANEIRO						
domingo	segunda	terça	quarta	quinta	sexta	sábado
7 futebol	8 prova	9 trabalho	10	11 japonês	12	13 trabalho
14 futebol	15	16 trabalho	17	18 japonês	19 aniversário	20 trabalho

Exemplo : Quando o Felipe joga futebol?　— Ele joga aos domingos.

1） Quando o Felipe trabalha?　— ....

2） Quando ele vai ao curso de japonês?　— ....

3） Quando ele tem prova?　— ....

4） Quando é o aniversário dele?　— ....

3 ポルトガル語に訳しましょう。

1） 質問してもいいですか(fazer uma pergunta)。— いいですよ。

....

2） 私と昼食をとりませんか。— 申し訳ないけれど、できません。

....

3） 恋人の日は(o Dia dos Namorados)は 6 月 12 日です。

....

〜6 月祭り Festa Junina（フェスタ・ジュニーナ）〜

　ブラジルのカーニバルは世界中で有名な祭りですが、ブラジルの多くの地域では、Festa Junina というお祭りの方が馴染みがあります。Festa Junina は「6 月の祭り」という意味で、聖アントニオの日(6 月 13 日)、聖ジョアン・バチスタの日(6 月 24 日)と聖ペドロの日(6 月 29 日)を祝う祭りです。このお祭りでは、人々が caipira(田舎者)の民族衣装を着て、大きい焚き火の周りで quadrilha(フォークダンス)を踊ります。

▶▶▶ Exercícios : Vamos praticar!

1 以下の表現を用いて、1)依頼する文、2)誘う文、3)許可を求める文、を作りましょう。
次に（　　）内の理由を述べ、断りましょう。

1）arrumar os CDs 　　　　2）jantar fora comigo 　　　　3）comer este chocolate

1）_____

　　— （時間がない）_____

2）_____

　　— （明日テストがある）_____

3）_____

　　— （私のものではない）_____

2 ポルトガル語で値段を聞いてみましょう。【貨幣の単位：¥ iene(ienes), R$ real
(reais), $ dólar(dólares)】

Exemplo：	1)	2)	3)	4)
¥ 100	$ 4	¥ 45	R$ 50	R$ 8

Exemplo：*Quanto custa um copo de suco?　— Custa cem ienes.*

1）［8 pipocas］ 　　　　_____ — _____

2）［2 pacotes de balas］ 　_____ — _____

3）［1 pacote de chocolate］ _____ — _____

4）［9 sorvetes］ 　　　　_____ — _____

3 音声を聞いて（　　）内を埋めましょう。次に、質問にポルトガル語で答えましょう。 **52**

1）Você（　　　　　　）ir ao Brasil?　— _____

2）（　　　　　）usar a sua caneta?　— _____

3）Que dia é（　　　　）?　　　　— _____

4）（　　　　　）você tem aula de português?

　　— _____

EU ESTOU COM DOR DE CABEÇA.

53 ▶▶▶ Diálogo

> **Mai の顔色がよくありません。**

Felipe : O que você tem?

Mai : Eu estou <u>com dor de cabeça</u>(1).　Além disso, a minha barriga está doendo.

Felipe : Você está com febre?

Mai : Eu acho que não.

Felipe : É melhor <u>ir ao hospital</u>(2).

Mai : Tá.　Mas onde é <u>o hospital</u>(3)?

Felipe : É <u>em frente da universidade</u>(4).

O que você tem?「どうかしたの？」　além disso「その上」　doer「痛む」

acho que 〜「私は〜と思う」　　　é melhor + 不定詞「〜したほうが良い」

Tá.「わかった。」"Tá（＝está) bem."の略

下線部を①と②に置き換えて、会話をしてみましょう。

① （1）寒い　　（2）薬を飲む　（3）薬局　　（4）病院の裏

② （1）疲れている　（2）休憩する　（3）保健室　（4）31 教室の隣

▶▶▶ Gramática

54 **1** 動詞 ESTAR

eu	*estou*
você, ele, ela	*está*
nós	estamos
vocês, eles, elas	*estão*

▶口語では、動詞 estar は es- が落ち tou(tô)、tá、tamos、tão のように使われています。

1）一時的な状態

◆ 主語 ＋ estar ＋ 形容詞・副詞（形容詞は主語の性・数に合わせて変化します）

Nós estamos ocupados.　Como você está?　— Eu estou um pouco cansada.

◆ 主語 ＋ estar com ＋ 抽象名詞（無冠詞）

Eu estou com muita fome.　Você está com saudade da sua família?

質問にポルトガル語で答えましょう。

Como você está?　—　..

2）移動できるものの所在「～は…にいる / ある」

A sua caneta está ao lado do dicionário.　　O cachorro está atrás do carro.

質問にポルトガル語で答えましょう。

Onde você está?　—　..

3）動詞 SER と ESTAR の違い

SER	ESTAR
◆ 永続的な性質、一般的な事実	◆ 一時的な状態
Ela é bonita. O céu é azul.	Ela está muito bonita hoje. O céu está cinza.
◆ 移動できないものの所在（国、建物など）	◆ 移動できるものの所在（人間、動物など）
Onde é o banco? O banco é perto da universidade.	Onde está Maria? Maria está na sala de aula.

▶移動できないものの所在を表すときには、動詞 ficar もよく使います。

Onde fica o correio?　— Fica perto da estação.

② 現在分詞と現在進行形 （55）

1）現在分詞の作り方（不規則形はありません）

| -ar ⇒ -ando |　　| -er ⇒ -endo |　　| -ir ⇒ -indo |

morar ⇒ mor**ando**　　comer ⇒ com**endo**　　partir ⇒ part**indo**

2）現在進行形：estar + 現在分詞「今～している」

O que você está fazendo?　— Eu estou limpando o meu quarto.

▶ポルトガル語では状態動詞も現在進行形でよく使われます。

O Felipe está gostando da Mai.　　Eu não estou podendo sair esta noite.

質問にポルトガル語で答えましょう。

O que você está fazendo?　—　..

3）天候表現

当日の天候表現は現在進行形を用います。主語は不要で、動詞の活用は3人称単数です。

Como está o tempo hoje?「今日はどんな天気ですか。」

Hoje está fazendo sol.　　　　Agora está chovendo muito.

質問にポルトガル語で答えましょう。

Como está o tempo hoje?　—　..

1 下線部の語を（　　　）内の語に変え、文全体を書き換えましょう。

1）<u>Você</u> está livre hoje?　（ela）

....

2）<u>Elas</u> estão ocupadas com o trabalho.　（ele）

....

3）<u>Eu</u> estou com muita fome.　（nós）

....

4）Este <u>paciente</u> está com dor de cabeça.　（pacientes）

....

5）Minha <u>mãe</u> está muito brava com o professor.　（pais）

....

2 （　　　）内に、動詞 ser もしくは estar を活用させて入れましょう。

1）Ele sempre（　　　　　）simpático.　2）Ele（　　　　　）simpático hoje.

3）A sua bolsa（　　　　　）no sofá.　4）A minha casa（　　　　）perto da estação.

5）Este jogador（　　　　　）italiano.　6）Nós（　　　　）muito cansadas.

7）Eu（　　　　　）com muito sono.　8）Este restaurante（　　　　）muito caro.

3 下の文章を現在進行形に書き直しましょう。

1）Meu irmão mora em Nagoia.　..

2）Eu chego daqui a pouco.　..

3）O que ele quer fazer?　— Ele quer sair comigo.

....

4）Faz muito calor.　..

4 ポルトガル語に訳しましょう。

1）トイレ（banheiro）はどこですか？　— 202 教室の隣です。

....

2）私はとても疲れています。その上、おなかが減っています。

....

3）今日、あなたたちはサッカーができません。なぜなら、雨が降っているからです。

....

▶▶▶ Exercícios : Vamos praticar!

1 例にならって、体調を尋ねましょう。アドバイスの表現には "É melhor ＋ 不定詞." を使いましょう。4)には、自分の体調を書き、アドバイスをもらいましょう。　**56**

> *Exemplo*：眠い

Como você está?

Eu estou com sono.

É melhor dormir mais cedo.

1) 頭が痛い　＿＿＿＿＿　— É melhor ＿＿＿＿＿
2) 忙しい　＿＿＿＿＿　— É melhor ＿＿＿＿＿
3) 疲れている　＿＿＿＿＿　— É melhor ＿＿＿＿＿
4)「　　　」＿＿＿＿＿　— É melhor ＿＿＿＿＿

2 1)～3)のアイテムをイラストに描き込み、その場所をポルトガル語で説明しましょう。

> *Exemplo*：caneta　*A caneta está em cima da mesa, atrás do computador.*

1) lápis　＿＿＿＿＿
2) bolsa　＿＿＿＿＿
3) óculos　＿＿＿＿＿

3 **2** のアイテムの場所をクラスメートに尋ね、**2** のイラストに描き込みましょう。

> *Exemplo*：caneta「ペン」　A：*Onde está a caneta?*
>
> B：*Está em cima da mesa, atrás do computador.*

4 音声を聞いて（　　）内を埋めましょう。次に、質問にポルトガル語で答えましょう。　**57**

1) Você está com (　　　)? — ＿＿＿＿＿
2) (　　　) você está? — ＿＿＿＿＿
3) O que você está (　　　)?

— ＿＿＿＿＿
4) Como está o (　　　) hoje? — ＿＿＿＿＿

8 VOCÊ JÁ COMEU CHURRASCO?

▶▶ Diálogo

58

> **Felipe は、Mai をシュハスコに誘っています。**
>
> *Felipe* : Você já <u>comeu churrasco</u>(1)?
>
> *Mai* : Não, eu nunca <u>comi</u>(1).
>
> *Felipe* : <u>Vamos fazer um churrasco</u>(2) <u>neste domingo</u>(3).
> Você quer ir?
>
> *Mai* : Claro!　A que horas começa?
>
> *Felipe* : Começa <u>às onze da manhã</u>(4).
>
> *Mai* : A que horas vai terminar?
>
> *Felipe* : Vai terminar <u>às nove da noite</u>(4).

下線部を①と②に置き換えて、会話をしてみましょう。
① (1) カポエイラを観た　(2) カポエイラをする　(3) 今週金曜日に　(4) 10:00、12:00
② (1) ６月祭りに参加した　(2) ６月祭りがある　(3) 今週土曜日に　(4) 13:00、20:00

▶▶ Gramática

59

■1 直説法完全過去

1）規則動詞の活用

	-ar 動詞 mor**ar**	-er 動詞 com**er**	-ir 動詞 part**ir**
eu	mor**ei**	com**i**	part**i**
você, ele, ela	mor**ou**	com**eu**	part**iu**
nós	mor**amos**	com**emos**	part**imos**
vocês, eles, elas	mor**aram**	com**eram**	part**iram**

▶ -car, -çar, -gar で終わる動詞は、発音に合わせて１人称単数の表記が変わります。

　　fi**car** → fi**quei**　　come**çar** → come**cei**　　che**gar** → che**guei**

2）用法

　　動作や状態が過去のある時点で完了したことを表す「〜した」

　　Eu jantei com meus colegas ontem.　　Ele partiu para a China há dois dias.

36

▶英語で現在完了が用いられる「完了」や「経験」の表現は、ポルトガル語では完全過去を用います。

① já + 動詞 「〜したことがある」「もう〜しました」　Você já almoçou?

② ainda não + 動詞 「まだ〜していない」　　　Eu ainda não terminei a tarefa de inglês.

③ nunca + 動詞 「一度も〜したことがない」　Eu nunca viajei para o exterior.

② 時間表現 🎵60

1) Que horas são? 「何時ですか?」

— São / É 時 (horas) e 分 (minutos).

1:00　É uma hora.	2:00　São duas horas em ponto.
6:15　São seis e quinze.	11:30　São onze e meia.
12:00　É meio-dia.	0:00　É meia-noite.

da manhã 午前の
da tarde 午後の
da noite 夜の
meia 30分

◯「〜時」を意味する hora は女性名詞なので、数字は女性形を用います。

2) A que horas 〜? 「何時に〜しますか?」　— 〜 à(s) 時 (horas).

A que horas a novela começa?　— Começa à uma hora da tarde.

A que horas você chegou à universidade?　— Eu cheguei às nove e vinte.

◯「〜時に」の「に」を表すために前置詞 a を用います。

3) (Por) Quanto tempo / (Por) Quantas horas 〜? 「どれくらいの時間／何時間〜しますか?」

(Por) Quantas horas você estudou ontem?　— Eu estudei (por) duas horas.

◯ hora や minutos は省略できません。

☑ Checar ‖ 質問にポルトガル語で答えましょう。

A que horas a sua aula de português começa?　— _____

③ 前置詞 DE, EM, A と指示詞の縮合形 🎵61

前置詞 ＼ 指示詞	este(s)	esta(s)	esse(s)	essa(s)	aquele(s)	aquela(s)
de	deste(s)	desta(s)	desse(s)	dessa(s)	daquele(s)	daquela(s)
em	neste(s)	nesta(s)	nesse(s)	nessa(s)	naquele(s)	naquela(s)
a	—		—		àquele(s)	àquela(s)

Qual é o título dessa música?　　　Eu vou sair nesta sexta-feira.

Você já assistiu àquele filme chinês?

▶▶▶ Exercícios : Vamos treinar!

1 （　　　）内の動詞を完全過去に活用させましょう。

1) Eles（começar：　　　　　　　）a treinar piano há um ano.

2) Você já（ler：　　　　　　　）o jornal? — Não, ainda não（ler：　　　　　　　）.

3) Nós（beber：　　　　　　　）caipirinha muitas vezes.

4) Meu pai（partir：　　　　　　　）para a Alemanha ontem.

5) Eu（chegar：　　　　　　　）em casa às dez da noite.

2 縮合形を使うべき箇所に線を引き、正しい書き方に直しましょう。

1) A aula de aquela professora é muito boa. ....

2) Nós jantamos em aquele restaurante coreano em esta segunda-feira.

....

3) Eu esperei uma hora em frente de essa loja. ....

4) Você vai a aquela lanchonete? ....

3 時間をポルトガル語で言いましょう。

1) PM 2:00 .... 2) AM 8:30

3) PM 1:15 .... 4) AM 10:20

4 下のスケジュールはあなたが昨日記したものです。質問にポルトガル語で答えましょう。

7:15	tomar café da manhã
8:20	ir à universidade
10:30-15:00	assistir às aulas
16:00	voltar para casa
17:00-19:00	fazer a tarefa
19:30	jantar
21:00	tomar banho

1) A que horas você tomou café?

— ....

2) A que horas as aulas terminaram?

....

3) A que horas você voltou para casa?

— ....

4) Quantas horas você estudou em casa?

— ....

5 ポルトガル語に訳しましょう。

1) 私はテストに合格しました（passar na prova）！　なぜなら昨日 3 時間勉強したから。

....

2) その映画は何時に始まりますか？　— 夜の 8 時 30 分に始まります。

....

▶▶▶ Exercícios : Vamos praticar!

1 例にならって、ポルトガル語で質問し合いましょう。 **62**

Exemplo：tomar café da manhã

Você já tomou café da manhã?

Sim, eu já tomei.

Não, eu ainda não tomei.

【完了】　1) almoçar ⎯⎯⎯⎯⎯⎯⎯⎯⎯ — ⎯⎯⎯⎯⎯⎯

　　　　　2) chegar em casa ⎯⎯⎯⎯⎯⎯⎯ — ⎯⎯⎯⎯⎯⎯

　　　　　3) terminar as tarefas ⎯⎯⎯⎯⎯ — ⎯⎯⎯⎯⎯⎯

【経験】　4) comer churrasco ⎯⎯⎯⎯⎯⎯ — ⎯⎯⎯⎯⎯⎯

　　　　　5) viajar ao exterior ⎯⎯⎯⎯⎯⎯ — ⎯⎯⎯⎯⎯⎯

　　　　　6) dirigir ⎯⎯⎯⎯⎯⎯⎯⎯⎯⎯ — ⎯⎯⎯⎯⎯⎯

2 【昨日の行為】以下の行為を何時に、もしくは何時間したのか、ポルトガル語で聞き合いましょう。

Exemplo：

[jantar] *A que horas você jantou ontem?　— Eu jantei às sete horas.*

[trabalhar] *(Por) Quantas horas você trabalhou ontem?*

*　　　　　　　　　　　　　　　— Eu trabalhei (por) três horas.*

1) tomar café　　2) assistir à TV　　3) chegar em casa　　4) jogar video game

1) ⎯⎯⎯⎯⎯⎯⎯⎯⎯⎯⎯⎯⎯ — ⎯⎯⎯⎯⎯⎯⎯⎯

2) ⎯⎯⎯⎯⎯⎯⎯⎯⎯⎯⎯⎯⎯ — ⎯⎯⎯⎯⎯⎯⎯⎯

3) ⎯⎯⎯⎯⎯⎯⎯⎯⎯⎯⎯⎯⎯ — ⎯⎯⎯⎯⎯⎯⎯⎯

4) ⎯⎯⎯⎯⎯⎯⎯⎯⎯⎯⎯⎯⎯ — ⎯⎯⎯⎯⎯⎯⎯⎯

3 音声を聞いて( )内を埋めましょう。次に、質問にポルトガル語で答えましょう。 **63**

1) Você já ( ) churrasco? — ⎯⎯⎯⎯⎯⎯⎯⎯⎯

2) Que ( ) são? — ⎯⎯⎯⎯⎯⎯⎯⎯⎯⎯⎯

3) Quantas horas você ( ) ontem? — ⎯⎯⎯⎯⎯⎯

4) ( ) que horas a sua aula de português começa?

— ⎯⎯⎯⎯⎯⎯⎯⎯⎯⎯⎯⎯⎯

POR QUE VOCÊ NÃO ME CONVIDOU?

64 ▶▶▶ **Diálogo**

〔 〔 〔 〔 〔 〔 〔 〔 〔 〔 〔 〔 〔 〔 〔 〔 〔 〔

> Takuto は、シュハスコのことが気になっています。

Takuto ： Como foi <u>o churrasco</u>(1)?

Mai ： Foi <u>legal</u>(2).　Por que você não foi?

Takuto ： Felipe, por que você não me convidou?

Felipe ： Desculpe, eu <u>vou te convidar</u>(3) da próxima vez.

Takuto ： <u>Que legal</u>(4)!　Valeu!

　　　da próxima vez「次回に」　Valeu!「ありがとう！」(俗語)

 下線部を①と②に置き換えて、会話をしてみましょう。

① （1）パーティー 　　（2）楽しい 　　（3）君を連れて行く 　　（4）最高！

② （1）ライブ show 　　（2）とても良い 　　（3）君に知らせる 　　（4）よかった！

▶▶▶ **Gramática**

65 **1** 目的格人称代名詞

	直接目的格「〜を」	間接目的格「〜に」	para + 前置詞格人称代名詞
私	me	me	para mim
あなた*・彼・彼女・それ	o, a	lhe	para +主格と同形
私たち	nos	nos	
あなたたち・彼ら・彼女たち・それら	os, as	lhes	

※親しい人に対しての「あなたを／に」には te を使うこともできます。　　Eu te amo.

【目的格人称代名詞の位置】

　口語では普通、動詞の直前に置かれます。書き言葉では動詞の前に語がない時は、動詞の後にハイフンでつないで置かれます。

Maria leva **os filhos** para a escola. → Maria **os** leva para a escola.

Ele **me** ligou ontem. = Ele ligou **para mim** ontem.

Ensino japonês para o Antônio. → Ensino-lhe japonês.

⏩ 【動詞＋不定詞】（直接目的格の o, a, os, as を除く）→【動詞＋人称代名詞＋不定詞】
Você pode me levar à estação? ― Sim, eu posso te levar.

② よく使う完全過去不規則動詞 ⑥⑥

ir / ser 行く、～である	ter 持つ	estar ～ある	fazer する	poder できる	querer ほしい
fui	*tive*	*estive*	*fiz*	*pude*	*quis*
foi	*teve*	*esteve*	*fez*	*pôde*	*quis*
fomos	*tivemos*	*estivemos*	*fizemos*	*pudemos*	*quisemos*
foram	*tiveram*	*estiveram*	*fizeram*	*puderam*	*quiseram*

Ele foi à França no ano passado.   A viagem foi divertida.

Nosso pai teve um acidente de trânsito.   Nossa mãe esteve duas vezes na Coreia.

Eu fiz muitas compras na viagem.   Ela não pôde fazer compras.

③ 不定代名詞・不定形容詞 ⑥⑦

不定語	否定語
【不定代名詞】 algo 何か alguém 誰か 【不定形容詞】 algum, alguma, alguns, algumas 何らかの、いくつかの	【否定代名詞】 nada 何も～（ない） ninguém 誰も～（ない） 【否定形容詞】 nenhum, nenhuma 一つの～も（ない）

Você tem algo para comer? ― Não, eu não tenho nada.

Alguém entende alemão? ― Ninguém entende alemão.

Você tem alguma pergunta? ― Não, eu não tenho nenhuma（pergunta）.

Eu tenho alguns amigos chineses.

⏩否定語は、動詞の前に置かれる場合は não「～でない」は不要ですが、後ろに置かれる場合
は não は必要です。   Eu não amo ninguém.   Ninguém me ama.

④ 感嘆文 "Que ＋ 名詞／形容詞／副詞!" ⑥⑧

Que bom!「よかった！」   Que chato!「うんざり！」   Que legal!「いいね！」

Que ótimo!「最高！」   Que pena!「残念！」   Que rápido!「速い！」

Que sorte!「ラッキー！」   Que vergonha!「恥ずかしい！」

▶▶▶ Exercícios : Vamos treinar!

1 以下の質問に「はい」で答えましょう。ただし、下線部は目的格人称代名詞に替えること。

1）Você visitou o professor? ....

2）Você comprou aquela revista? ....

3）Você me ensina inglês? ....

4）Você escreveu para Chiemi? ....

5）Você pode me buscar ao aeroporto? ....

2（　　　）内の動詞を完全過去に活用させましょう。

1）A aula de hoje（ser：　　　　　　　）muito divertida.

2）Elas（ir：　　　　　　）ao cinema há duas semanas.

3）Nós（estar：　　　　　　　）em Portugal uma vez.

4）Ele（fazer：　　　　　　）o jantar para mim.

5）Eu（querer：　　　　　　　）ir com você, mas não（poder：　　　　　　　）.　Porque eu

（ter：　　　　　　　）outro compromisso ontem.

3 以下の質問に、否定語を用いて「いいえ」で答えましょう。

1）Você teve aulas ontem?　— ....

2）Você foi à universidade?　— ....

3）Você já fez as tarefas?　— ....

4）Você quer tomar algo?　— ....

5）Você está com alguém?　— ....

6）Você tem alguma pergunta?　— ....

4 ポルトガル語に訳しましょう。

1）あなたは私を空港へ送ってくれますか？— はい、私はあなたを送ります。

....

2）私たちは 5 年前にスペインへ行きました。その旅行は、とても楽しかったです。

....

3）私は、あなたにお土産（lembrança）を買ったよ。— いいですね！

....

⏵⏵⏵ **Exercícios : Vamos praticar!**

1 （　　　）の動詞を現在と完全過去に活用させ、普段と昨日の話をしましょう。 **69**

Exemplo：Como（ser： *é* / *foi*）a aula de português?

- Como é a aula de português?
- Como foi a aula de português ontem?

- É muito boa.
- Foi um pouco difícil.

1）Você（ter：　　　　/　　　　）aulas de manhã?

2）Como você（ir：　　　　/　　　　）à universidade?

3）Você（estar：　　　　/　　　　）em casa à noite?

4）Onde você（fazer：　　　　/　　　　）as tarefas?

2 （　　　）内に適切な不定語を入れて、クラスメートと質問し合いましょう。

1）Você tem（　　　　）amiga estrangeira? — ....

2）Você esteve em（　　　　）país estrangeiro? — ....

3）Você já comeu（　　　　）? — ....

4）Teve（　　　　）na sua casa ontem? — ....

3 音声を聞いて（　　　）内を埋めましょう。次に、質問にポルトガル語で答えましょう。 **70**

1）Você tem（　　　　）pergunta? — ....

2）Você（　　　　）no Brasil? — ....

3）O que você（　　　　）ontem? — ....

4）Como（　　　　）a aula de hoje? — ....

～ブラジルの国技 capoeira（カポエイラ）～

　capoeira は、黒人奴隷が編み出した護身術や遊びから生まれたと言われています。楽器の伴奏と歌に合わせて 2 人が対戦しますが、基本的には相手の体に触れないようにお互いが技を繰り出すため、勝ち負けはありません。2014 年に、ユネスコの無形文化遺産に登録されました。
　capoeira のステップ ginga（ジンガ）が元となり、ブラジルを代表するサッカーのドリブルやサンバのステップが生まれました。

EU TINHA MUITOS AMIGOS.

▶▶▶ **Diálogo**

> Felipe は、Mai にポルトガル留学中の話を聞いています。
>
> *Felipe*： Você já foi a Portugal?
>
> *Mai*： Sim, eu estudei por um ano lá em Lisboa.
>
> *Felipe*： Você <u>tinha muitos amigos</u>(1) quando estudava lá?
>
> *Mai*： Sim, eu <u>tinha</u>(1).　Eu conheci um rapazinho muito simpático
> e nós <u>visitávamos juntos muitos lugares turísticos</u>(2).
>
> *Felipe*： Você gostava dele?
>
> *Mai*： Sim, eu gostava muito dele como amigo.
> como amigo「友人として」

下線部を①と②に置き換えて、会話をしてみましょう。
① （1）踊りに行っていた ir dançar　　（2）一緒に何度も出かけていた
② （1）よく旅行していた　　　　　　 （2）一度ポルト Porto へ行った

▶▶▶ **Gramática**

1 直説法不完全過去

【規則動詞の活用】

	-ar 動詞 mor**ar**	-er 動詞 com**er**	-ir 動詞 part**ir**
eu	mor**ava**	com**ia**	part**ia**
você, ele, ela	mor**ava**	com**ia**	part**ia**
nós	mor**ávamos**	com**íamos**	part**íamos**
vocês, eles, elas	mor**avam**	com**iam**	part**iam**

【不規則動詞】不規則な活用をするのは、4つの動詞のみです。

	ser ～である	ter 持つ	vir 来る	pôr 置く
eu	*era*	*tinha*	*vinha*	*punha*
você, ele, ela	*era*	*tinha*	*vinha*	*punha*
nós	*éramos*	*tínhamos*	*vínhamos*	*púnhamos*
vocês, eles, elas	*eram*	*tinham*	*vinham*	*punham*

【用法】

1) 動作や状態が過去のある時点で継続・進行していることを表す「～していた」

   Quando meu pai chegou em casa, eu tomava banho.

   Enquanto eu assistia à televisão, meu marido preparava o jantar.

   【完全過去との比較】Eu preparei o bolo para o aniversário do meu pai.

2) 過去の習慣的行為を表す「～したものだった」

   Antes eu ia ao trabalho de carro, mas agora vou a pé.

   Quando nós éramos estudantes, jantávamos nesta lanchonete aos sábados.

   【完全過去との比較】No sábado passado, nós jantamos nesta lanchonete.

2 「知っている」「できる」を意味する動詞（現在）🔊73

	saber	conhecer	conseguir
eu	*sei*	*conheço*	*consigo*
você, ele, ela	sabe	conhece	consegue
nós	sabemos	conhecemos	conseguimos
vocês, eles, elas	sabem	conhecem	conseguem

1) saber ＋ 名詞「(情報として)知っている」　　　Você sabe o telefone dela?

   saber ＋ 不定詞「(技術、能力的に)できる」　　Meu namorado sabe cozinhar.

   【比較】poder「(状況的に)できる」

   　Eu sei nadar. Mas hoje não posso, porque estou resfriado.

2) conhecer「(体験を通して、人や場所を)知っている」

   　Eu conheço o João muito bem.　　Você conhece algum restaurante português?

3) conseguir「(努力して成し遂げるという意味での)できる」

   　Eu não consigo dormir com este barulho.

3 縮小辞と増大辞 🔊74

1) 縮小辞は、名詞・形容詞・副詞に「小ささ」、「愛情」、「強調」などの意味を添える
   接尾辞です。代表的なものに、**-inho/a** があります。

   　　　　　　　　　　beijo → beij**inho**　　bonito → bonit**inho**

2) 増大辞は、「大きさ」、「軽蔑」、「称賛」などの意味を添えることができます。代表的
   なものに、**-ão** があります。　　　　beijo → beij**ão**　　palavra → palavr**ão**

1 (　　)内の動詞を不完全過去に活用させましょう。

1) Agora eu falo inglês, mas antes não（falar：　　　　　）quase nada.

2) Eu（ser：　　　　　）uma menininha muito quieta.

3) Quando ele voltou para casa,（ser：　　　　　）onze da noite.

4) Antigamente, eles（aprender：　　　　　）inglês com o professor Kato.

5) Quando nós（ser：　　　　　）estudantes, sempre（vir：　　　　　）aqui depois da escola.

2 (　　)内の動詞を完全過去もしくは不完全過去に活用させましょう。

1) Enquanto eu（estar：　　　　　）fora, o Rafael me（visitar：　　　　　）.

2) Quando meu avô（ter：　　　　　）onze anos, ele（ir：　　　　　）ao Brasil.

3) Na festa de ontem, eu（conhecer：　　　　　）a Cristina.

4) Ela（ir：　　　　　）à França quando（ter：　　　　　）vinte e nove anos.

5) Quando vocês（ser：　　　　　）crianças,（saber：　　　　　）nadar?

3 poder, saber, conhecer, conseguir から適切な動詞を選んで、現在形に活用させましょう。

1)（Eu）＿＿＿＿＿ provar esta calça?　— Claro que ＿＿＿＿＿.

2) Você ＿＿＿＿＿ dirigir?　— Sim, ＿＿＿＿＿,　mas hoje não ＿＿＿＿＿, porque meu pai vai usar o carro.

3) Você ＿＿＿＿＿ algum restaurante peruano?　— Não, não ＿＿＿＿＿.

4) Nós ＿＿＿＿＿ o endereço do nosso professor.

5) Ele gosta dela, mas ele não ＿＿＿＿＿ conversar com ela.

4 ポルトガル語に訳しましょう。

1) 私は学生の時、東京に住んでいました。

＿＿＿＿＿＿＿＿＿＿＿＿＿＿＿＿＿＿＿＿＿＿＿＿＿＿＿＿＿＿

2) あなたは、料理ができますか？　— はい、できます。

＿＿＿＿＿＿＿＿＿＿＿＿＿＿＿＿＿＿＿＿＿＿＿＿＿＿＿＿＿＿

3) あなたは、マイを知っていますか？　— いいえ、知りません。

＿＿＿＿＿＿＿＿＿＿＿＿＿＿＿＿＿＿＿＿＿＿＿＿＿＿＿＿＿＿

►►► **Exercícios : Vamos praticar!**

1 15 歳の頃について、クラスメートと質問し合いましょう。

Exemplo : como / ser	*Como você era quando tinha quinze anos?* — *Eu era uma menina muito quieta.*
1) a que horas / acordar	—
2) qual / ser / sua matéria favorita	—
3) ter celular	—
4) o que / fazer / no seu tempo livre	—

2 過去と今の自分の比較を、ポルトガル語で表現しましょう。

Exemplo : estudar   *Antes eu estudava muito mas agora estudo pouco.*

 Antes, você estudava muito?   *Sim, eu estudava muito, mas agora estudo pouco.*

参考 : *Antes, eu estudava pouco e agora também não estudo.*

Antes, eu estudava muito e agora ainda estudo muito.

1) fazer esportes ....

2) assistir à TV ....

3) jogar video game ....

3 音声を聞いて（　　）内を埋めましょう。次に、質問にポルトガル語で答えましょう。

1) Como você （　　　　　） quando criança?

— ....

2) O que você （　　　　　） quando criança?

— ....

3) Você （　　　　） o Brasil? — ....

4) Você （　　　　） dirigir? — ....

11 EU ME ENCONTREI COM ELE.

▶▶▶ Diálogo

> Felipe は、Mai がブラジルで知り合った青年のことが気になっています。

Felipe : Mai, você tem tido contato com esse rapaz de Portugal?

Mai : Sim, às vezes ele me manda e-mail.

No ano passado (1) ele veio para o Japão (2).

Felipe : Você se encontrou com ele (3)?

Mai : Sim, eu me encontrei com ele (3) e nós fomos

a Hiroshima (4). Eu me diverti muito.

Felipe : Você já me deu o seu e-mail?

Mai : Ainda não. Bem, vou te dar o meu e-mail.

下線部を①と②に置き換えて、会話をしてみましょう。

① (1) 昨日　　　(2) 20 歳になった　　(3) メッセージを送った　　(4) skype で話した

② (1) 2 年前　　(2) 卒業した　　　　(3) 卒業パーティへ行った　(4) 一緒に踊った

▶▶▶ Gramática

１ 再帰動詞

再帰代名詞		例：deitar-se
me	私自身を、に	Eu me deito.（Deito-me.）
se	あなた／彼／彼女自身を、に	Você / Ele / Ela se deita.（Deita-se.）
nos	私たち自身を、に	Nós nos deitamos.（Deitamo*-nos.）
se	あなたたち／彼ら／彼女たち自身を、に	Vocês / Eles / Elas se deitam.（Deitam-se.）

＊再帰代名詞 nos が動詞の後ろにくると、動詞の活用形の s が落ちます。

【再帰代名詞の位置】目的格人称代名詞の規則と同じです。

Eu me deitei tarde ontem.　　　　　　　Deitei-me tarde ontem.

Vou me deitar cedo hoje à noite.

【用法】

1）再帰用法「—自身を（に）～する」

　Nós nos casamos neste mês.　　　　　Nosso irmão se formou no ano passado.

2）相互用法「互いに〜しあう」

Pedro e Maria se amam.　　　　　　Nós nos ajudamos no estudo.

3）本来的な再帰動詞

Ele sempre se queixa do trabalho.　　Eu me esqueci de levar a chave.

2 直説法現在完了 79

1）過去分詞の作り方

| -ar ⇒ -ado | -er ⇒ -ido | -ir ⇒ -ido |

falar ⇒ fal**ado**　　　　　vender ⇒ vend**ido**　　　　partir ⇒ part**ido**

▶ -air, -uir (-guir を除く)：i の上にアクセント・アグード（´）をつけます。

sair → saído　　　construir → construído

【不規則な過去分詞】

abrir → aberto	cobrir → coberto	descobrir → descoberto
dizer → dito	escrever → escrito	fazer → feito
pôr → posto	ver → visto	vir → vindo（現在分詞と同形）

2）現在完了

ter の現在形（tenho, tem, temos, têm）+ 過去分詞（男性形・単数）

過去のある時点に始まり、現在まで続いている動作や状態を表します。

Tem chovido muito desde ontem.　　Ultimamente, eu tenho feito muito trabalho.

▶ポルトガル語の現在完了は、英語の現在完了のように「経験」を表すことができません。
その場合は、完全過去を用います。　　Eu estive na França uma vez.

3 よく使う不規則動詞（現在、完全過去） 80

dar 与える		pôr 置く		sair 出かける		ver 見る		vir 来る	
現在	完全過去	現在	完全過去	現在	完全過去	現在	完全過去	現在	完全過去
dou	dei	*ponho*	*pus*	*saio*	saí	*vejo*	vi	*venho*	*vim*
dá	*deu*	*põe*	*pôs*	*sai*	saiu	*vê*	*viu*	*vem*	*veio*
damos	*demos*	*pomos*	*pusemos*	saímos	saímos	vemos	*vimos*	vimos	*viemos*
dão	*deram*	*põem*	*puseram*	saem	saíram	*veem*	*viram*	*vêm*	*vieram*

Ele me deu o telefone dele.　　　　Normalmente ela sai de casa às sete.

Nós vimos o professor há uma hora.　Eu vim ao Japão há dez anos.

1 (　　)内の動詞を現在形に活用させましょう。

1) Eu não（lembrar-se：　　　　　　　）do nome daquela professora.

2) Meus pais（levantar-se：　　　　　　　）muito cedo.

3) Eu（apresentar-se：　　　　　　　）em português.

4) Nós（amar-se：　　　　　　　）muito.

2 (　　)内の動詞を完全過去に活用させましょう。

1) Eu（divertir-se：　　　　　　　）muito na viagem para Quioto.

2) Eles（vir：　　　　　　）ao Japão para estudar japonês.

3) Você já（ver：　　　　　　）algum filme brasileiro?　— Sim, eu já（ver：　　　　　　）.

4) A que horas você（sair：　　　　　　）de casa?　— Eu（sair：　　　　　　）às oito.

3 (　　)内の動詞を現在完了に活用させましょう。

1) Ultimamente, ele（trabalhar：　　　　　　　　）muito.

2) Nós（sair：　　　　　　　　）para procurar presentes.

3) Eu não（ver：　　　　　　　　）a Daniela desde a semana passada.

4)（Chover：　　　　　　　　）muito nestes dias.

4 あなたは2月からサンパウロの大学で短期留学をしています。スケジュール表を見て、質問にポルトガル語で答えましょう。

FEVEREIRO						
domingo	segunda	terça	quarta	quinta	sexta	sábado
7	8 10:30 Nagoia	9 4:55 São Paulo	10	11 matrícula	12 prova de português	13 capoeira
14 futebol	15 resultado da prova	16 orientação	17	18	19	20 capoeira
21 futebol	22	23	24	25	26 HOJE	27 capoeira

1) A que horas você chegou a São Paulo?　— ....

2) Quando você fez matrícula?　— ....

3) Quando você tem ido à aula de capoeira?

　— ....

4) Quando saiu o resultado da prova?　— ....

►►► **Exercícios : Vamos praticar!**

1 枠内の動詞を現在もしくは完全過去に活用させて、質問し合いましょう。

> *A que horas você se levanta normalmente?*

> *Você saiu ontem à noite?*

> *Eu me levanto às seis.*

> *Sim, eu saí com meus amigos.*

levantar-se 起きる	sair 出かける	vir aqui ここへ来る
ver o/a namorado/da 恋人に会う	dar aulas 授業をする	deitar-se 寝る

2 例にならって、思い出の旅をポルトガル語でつづってみましょう。

	Exemplo :	**VOCÊ**
Quando? いつ	夏休みに	
Para onde? どこへ	ブラジルへ	
Com quem? 誰と	1人で	
O que fez? 何をした	友人と会い、サンバショーへ行った	
Como foi? どうだった	楽しかった	

    Nas férias de verão, eu fui ao Brasil sozinho. Eu me encontrei com minha amiga da universidade. Ela estuda lá. Nós visitamos muitos lugares turísticos, o Rio, as Cataratas do Iguaçu e Salvador. Um dia nós fomos a um show de samba. Esse show é muito conhecido e estava cheio de gente. Nós dançamos e tomamos caipirinha. Nós nos divertimos muito. Esta primeira viagem ao Brasil foi muito divertida.

----

3 クラスメートの思い出の旅について質問してみましょう。

Exemplo :

A : *Qual foi a sua viagem mais inesquecível?*   B : *Foi a minha viagem ao Brasil.*

A : *Quando você foi?*   B : *Eu fui nas férias de verão.*

A : *Com quem você foi?*   B : *Eu fui sozinho.*

12

VOCÊ FALA PORTUGUÊS MELHOR DO QUE ANTES.

▶▶▶ **Diálogo**

日本へ帰国した Mai は、Felipe からメールを受け取ります。

Título：Quanto tempo!

Oi Mai.

Aqui é o Felipe do Brasil.　Tudo bem?

Agora é <u>verão</u> (1) no Brasil.　E está <u>mais quente</u> (2) do que no ano passado.

E no Japão?　Está <u>muito frio</u> (3)?

Você fala português melhor do que antes.

É muito melhor do que o meu japonês.

Eu quero visitar o Japão.　Vamos nos encontrar?

Você é a minha melhor amiga.　Estou com muitas saudades de vocês.

Lembranças ao Takuto.

Um forte abraço,
　　　　　　　　　　　　　　　　　　　　　　　　　　　　Felipe

下線部を①と②に置き換えてみましょう。
① （1）冬　　　（2）より寒い　　　（3）とても暑い
② （1）春　　　（2）より涼しい　　（3）ブラジルと同じくらい涼しい

▶▶▶ **Gramática**

 85 **1** 比較級

1）優等比較級「…よりも～である」　mais ＋ 形容詞・副詞 ＋（do）que ...

　　Minha irmã é mais magra do que eu.　　Ela fala mais devagar do que ele.

▶不規則な比較級

形容詞	副詞		比較級	形容詞	副詞		比較級
bom	bem	⇒	melhor	mau, ruim	mal	⇒	pior
muito	muito	⇒	mais	pouco	pouco	⇒	menos
grande	—	⇒	maior	pequeno	—	⇒	menor

A sua bolsa é maior do que a minha.　　Eu danço melhor do que ela.

2）劣等比較級「…ほど～でない」　menos ＋ 形容詞・副詞 ＋（do）que ...

Hoje está menos frio do que ontem.　Eu ando menos rápido do que meu avô.

3）同等比較級「…と同じくらい～である」

tão ＋ 形容詞・副詞 ＋ como / quanto ...　A novela é tão interessante quanto o filme.

tanto/a/os/as＋名詞＋como / quanto ...　Você tem tantos amigos quanto ele.

動詞 ＋ tanto ＋ como / quanto ...　　Eu gosto tanto de chá quanto de café.

2 最上級 ⟨86⟩

1）優等最上級「…の中で最も～である」　定冠詞 ＋（名詞）＋ mais ＋ 形容詞 ＋ de ...

Ela é a aluna mais inteligente da classe.　　Esta praia é a mais bonita do mundo.

2）劣等最上級「…の中で最も～でない」　定冠詞 ＋（名詞）＋ menos ＋ 形容詞 ＋ de ...

Esta bolsa é a menos cara de todas.

3）絶対最上級「非常に／極めて」：形容詞の最後の母音をとって -íssimo/a をつける

Este restaurante é caríssimo.　　Hoje está quentíssimo.

◉特別な形の絶対最上級をもつ形容詞

bom	⇒	ótimo/a	mau, ruim	⇒	péssimo/a
grande	⇒	máximo/a	pequeno	⇒	mínimo/a

Ela é uma pessoa ótima.　　　　　　Hoje foi um dia péssimo.

3 数字（101～1,000,000）⟨87⟩

101 cento e um	200 duzentos（tas）	300 trezentos（tas）
400 quatrocentos（tas）	500 quinhentos（tas）	600 seiscentos（tas）
700 setecentos（tas）	800 oitocentos（tas）	900 novecentos（tas）
1.000 mil	10.000 dez mil	1.000.000 um milhão

▶ 200～900 には、男性形と女性形があります。　　duzentos livros　　quinhentas pessoas

▶ 百の位と十の位、十の位と一の位の間は "e" でつなぎます。　　123 cento e vinte e três

▶ mil の直後には e を入れません。しかし、百の位以下の端数が 1 語のときは "e" でつなぎます。　　1.980 mil, novecentos e oitenta　　3.400 três mil e quatrocentos

▶ 桁区切りには "."（ponto）を、小数点には ","（vírgula）を用います。

　ブラジル：68.000　日本：68,000　　ブラジル：0,4　日本：0.4

✓Checar ‖ 今日の日付と自分の誕生日をポルトガル語で書きましょう。

a. Hoje é dia ＿＿＿＿＿＿＿ de ＿＿＿＿＿＿＿ de ＿＿＿＿＿＿＿.

b. O meu aniversário é no dia ＿＿＿＿＿＿＿ de ＿＿＿＿＿＿＿ de ＿＿＿＿＿＿＿.

▶▶▶ Exercícios：Vamos treinar!

1 例にならって、優等比較級の文を書きましょう。

> *Exemplo*：este filme / popular / aquele
>
> *Este filme é mais popular do que aquele.*

1) jogar futebol / divertido / jogar beisebol

2) seus pais / novo / os meus

3) o Brasil / pequeno / a Rússia

2 例にならって、最上級の文を書きましょう。

> *Exemplo*：Kumagaya（cidade）/ quente / o Japão
>
> *Kumagaya é a cidade mais quente do Japão.*

1) o futebol（esporte）/ popular / o Brasil

2) matemática（matéria）/ difícil / todas

3) este（restaurante）/ bom / este bairro

3 以下の数字をポルトガル語で書きましょう。

1) 150

2) 580

3) 677

4) 10.300

4 ポルトガル語に訳しましょう。

1) 彼らは私たちよりも上手にサッカーをする。

2) 彼女は私よりも金持ちだ。

3) この小説（romance）は日本で最も人気のあるものです。

►►► **Exercícios : Vamos praticar!**

1 クラスメートに以下の質問をし、例にならって比較する文を作りましょう。

> *Exemplo* ：A que horas você se levantou hoje?
>
> *Eu me levantei mais cedo do que a minha colega.*

A que horas você se levantou hoje?

Eu me levantei às seis e meia.

Eu me levantei às sete horas.　E você?

1) Quanto custa o seu relógio?

   O meu relógio é _____

2) Quantos sapatos você tem?

   Eu tenho _____

3) Você fala inglês bem?

   Eu falo _____

2 例にならって、クラスメートと質問し合いましょう。

> *Exemplo* ：esporte / divertido
>
> *Para você, qual é o esporte mais divertido?*
>
> — *Para mim, o tênis é o (esporte) mais divertido.*

1) comida / favorito

   _____

2) matéria / interessante

   _____

3) país / bonito

   _____

3 音声を聞いて、聞こえてきた数字をアラビア数字で書きましょう。

1) _____　　2) _____　　3) _____　　4) _____

〜ブラジルの歌謡曲 sertanejo（セルタネージョ）〜

　多くの人がブラジルの音楽と言えば、サンバを連想するでしょう。しかし、ブラジルの田舎では人々はサンバではなく、sertanejo というジャンルの音楽をよく聞きます。sertanejo は sertão（奥地）の歌、人もしくは文化を表す単語で、viola caipira という 10 本弦のギターのような楽器を使います。米国のカントリーミュージックや中南米のフォークソング（メキシコのマリアッチ等）と似ています。

▶▶▶ SUPLEMENTO 文法補足

① 関係詞

a) 関係代名詞 QUE

先行詞として人でも物でもとることができます。関係代名詞は省略されることはありません。

Esta é a bolsa.　　　　　　　　Eu quero comprar esta bolsa.

→　Esta é a bolsa *que* eu quero comprar.「これが、私が買いたいカバンです。」

b) 関係代名詞 QUEM

先行詞として人をとり、必ず前置詞を伴います。前置詞を伴わない場合は、関係代名詞 QUE を用います。

A moça é brasileira.　　　　　　Eu vou a Quioto com a moça.

→　A moça com *quem* eu vou a Quioto é brasileira.

「私が一緒に京都へ行く女の子は、ブラジル人です。」

c) 関係副詞 ONDE

先行詞として場所を表す語をとります。

Este restaurante é muito bom.　　Eu estou trabalhando neste restaurante.

→　Este restaurante *onde* eu estou trabalhando é muito bom.

「私が働いているレストランは、とても美味しいです。」

d) 関係形容詞 CUJO, CUJA, CUJOS, CUJAS

先行詞の所有を表し、その形は修飾する名詞の性・数にしたがって変化します。話し言葉ではほとんど用いられませんが、書き言葉ではよく使われます。

A casa é muito bonita.　O dono da casa é francês.

→　A casa *cujo* dono é francês é muito bonita.

「この家の持ち主はフランス人で、(その家は)とても素敵です。」

② 直説法未来

〈活用〉動詞の不定詞に -ei, -á, -emos, -ão をつけます。

	morar	comer	partir
eu	morar*ei*	comer*ei*	partir*ei*
você, ele, ela	morar*á*	comer*á*	partir*á*
nós	morar*emos*	comer*emos*	partir*emos*
vocês, eles, elas	morar*ão*	comer*ão*	partir*ão*

就活・留学準備の強力な味方！

あなたのグローバル英語力を測定

新時代のオンラインテスト

銀行のセミナー・研修にも使われています

CNN®

GLENTS

留学・就活により役立つ新時代のオンラインテスト

ENGLISH EXPRESS

音声ダウンロード・問題集付き 毎月6日発売 B5判 定価1375円（税込）

これが世界標準の英語!!

CNNの生音声で学べる唯一の月刊誌

- ◇CNNのニュース、インタビューが聴ける
- ◇英語脳に切り替わる問題集付き
- ◇カリスマ講師・関正生の文法解説や
- ◇人気通訳者・橋本美穂などの豪華連載も
- ◇スマホやパソコンで音声らくらくダウンロード

定期購読をお申し込みの方には本誌1号分無料ほか、特典多数!

定期購読者限定
英語学習
スケジュール帳
プレゼント!

⚫ -zer で終わる動詞は ze を省いてから -ei, -á, -emos, -ão をつけます。

　　fazer：far**ei**, far**á**, far**emos**, far**ão**

〈用法〉

a）未来の事柄を表します。口語では、「動詞 ir ＋不定詞」で表現することが多いです。

　　Eu *mandarei* um cartão para você.「私はあなたへハガキを送ります。」

b）現在の事柄に対する推量を表します。

　　Onde ele *estará* agora?「彼は今どこにいるかな？」

⚫ **Será que ...?**「…かしら？」は、que の後に現在形、過去形、未来形を置くことができます。

　　Será que ele já foi embora?「彼はもう帰ったかしら？」

3 直説法過去未来

〈活用〉動詞の不定詞に -ia, -ia, -íamos, -iam をつけます。

	morar	comer	partir
eu	morar**ia**	comer**ia**	partir**ia**
você, ele, ela	morar**ia**	comer**ia**	partir**ia**
nós	morar**íamos**	comer**íamos**	partir**íamos**
vocês, eles, elas	morar**iam**	comer**iam**	partir**iam**

⚫ -zer で終わる動詞は ze を省いてから -ia, -ia, -íamos, -iam をつけます。

　　fazer：far**ia**, far**ia**, far**íamos**, far**iam**

〈用法〉

a）過去のある時点から見た未来の事柄を表します。口語では、不完全過去を代用することがよくあります。

　　O professor disse que *iria* à sua casa amanhã.「先生は明日君の家へ行くと言った。」

　　（O professor disse que *ia* à sua casa amanhã.）

b）現在の事柄に対する丁寧・婉曲表現に用いられます。

　　【現在】　　　　Pode me mostrar o seu passaporte?

　　【不完全過去】Podia me mostrar o seu passaporte?

　　【過去未来】　Poderia me mostrar o seu passaporte?

　　　　　　　　「パスポートを見せていただけますか？」

丁寧

ⓐ 接続法現在

ポルトガル語には「法」という区分があります。

直説法…事実をありのままに客観的に伝える表現方法

接続法…架空の事柄や願望や疑惑など主観的な判断が含まれる表現方法

　　Você *é* feliz. 「あなたは幸せです。」(直説法)

　　Espero que você *seja* feliz. 「私は、あなたが幸せであることを願っている。」(接続法)

〈活用〉直説法現在の 1 人称単数形から語尾の -o をとり、-ar 動詞には -e, -e, -emos, -em を、-er 動詞と -ir 動詞には -a, -a, -amos, -am をつけます。

	mor**ar**	com**er**	part**ir**
eu	mor**e**	com**a**	part**a**
você, ele, ela	mor**e**	com**a**	part**a**
nós	mor**emos**	com**amos**	part**amos**
vocês, eles, elas	mor**em**	com**am**	part**am**

▶直説法現在の 1 人称単数形が不規則形の場合も、同様です。たとえば、動詞 ter の接続法現在の活用は tenh**a**, tenh**a**, tenh**amos**, tenh**am** となります(tenh~~o~~ + -a, -a, -amos, -am)。

【不規則動詞】

ser	estar	ir	dar	saber	querer	haver
seja	*esteja*	*vá*	*dê*	*saiba*	*queira*	*haja*
seja	*esteja*	*vá*	*dê*	*saiba*	*queira*	*haja*
sejamos	*estejamos*	*vamos*	*demos*	*saibamos*	*queiramos*	*hajamos*
sejam	*estejam*	*vão*	*deem*	*saibam*	*queiram*	*hajam*

〈用法〉

a) 名詞節：主語＋主動詞＋ que ＋文(接続法)

　　主動詞が願望・疑問・否定・感情などを表す場合、従属節では接続法が用いられます。

　　Eu espero que minha mãe *goste* desta bolsa.

　　「私は、母がこのカバンを気に入ることを願っている。」

　　Eu duvido que ele *telefone* para mim. 「私は、彼が私に電話することを疑っている。」

　　Eu sinto muito que você não *esteja* bem.

　　「私は、あなたの体調がよくないことに心を痛めている。」

b) 形容詞節：先行詞＋que（関係代名詞）＋文（接続法）

先行詞が特定できない場合には、従属節では接続法が用いられます。先行詞が特定できる場合には、直説法を用います。

Você conhece alguém que me *ensine* português?

「あなたは、私にポルトガル語を教えてくれる人を知っていますか？」

【比較】Você se lembra daquela brasileira que *ensinou* português?

「あなたは、私にポルトガル語を教えてくれたあのブラジル人女性を覚えていますか？」

c) 副詞節

目的、譲歩、条件、未来の時などを表す副詞節では接続法が用いられます。

Eu vou sair mesmo que ele *queira* ficar em casa.

「たとえ彼が家にいたがっているとしても、私は出かけるつもりです。」

Nós esperamos até que ela *chegue*.「私たちは、彼女が着くまで待っています。」

d) 命令文（改まった調子）

Faça isso agora mesmo.「今すぐそれをしてください。」

Feche a porta.「ドアを閉めてください。」

5 接続法不完全過去

〈活用〉直説法完全過去の3人称複数形から語尾の -ram をとり、-sse, -sse, -ssemos, -ssem をつけます。ただし、1人称複数形はこの語尾の前にアクセント記号がつきます。

	mor*ar*	com*er*	part*ir*
eu	mora*sse*	come*sse*	parti*sse*
você, ele, ela	mora*sse*	come*sse*	parti*sse*
nós	morá*ssemos*	comê*ssemos*	partí*ssemos*
vocês, eles, elas	mora*ssem*	come*ssem*	parti*ssem*

▶直説法完全過去3人称複数形が不規則形の場合も、同様です。たとえば、動詞 ter の接続法不完全過去の活用は tive*sse*, tive*sse*, tivé*ssemos*, tive*ssem* となります（tive~~ram~~ + -sse, -sse, -ssemos, -ssem）。

〈用法〉

基本的には、接続法現在と同じです。主動詞が過去時制で、従属節がそれと同じか、またはそれよりも未来の事柄を表すときに接続法不完全過去が用いられます。

Eu esperava que minha mãe *gostasse* desta bolsa.

「私は、母がこのかばんを気に入ることを願っていた。」

Meus pais procuravam alguém que me *ensinasse* português.

「私の両親は、私にポルトガル語を教えてくれる人を探していた。」

6 接続法未来

〈活用〉直説法完全過去の 3 人称複数形から語尾の -ram をとり、-r, -r, -rmos, -rem を
つけます。

	mor**ar**	com**er**	part**ir**
eu	mor**ar**	com**er**	part**ir**
você, ele, ela	mor**ar**	com**er**	part**ir**
nós	mor**armos**	com**ermos**	part**irmos**
vocês, eles, elas	mor**arem**	com**erem**	part**irem**

▶直説法完全過去 3 人称複数形が不規則形の場合も、同様です。たとえば、動詞 ter の接続法
未来の活用は tiver, tiver, tiver**mos**, tiver**em** となります(tive~~ram~~ + -r, -r, -rmos, -rem)。

〈用法〉接続法未来は、副詞節と形容詞節でのみ用いられ、名詞節では用いられません。
主動詞が直説法の未来もしくは現在で、従属節において未来の事柄を表すとき
に用いられます。

a) 形容詞節

Eu vou ler a fábula que você *quiser* ouvir.

「私は、あなたが聞きたい寓話を読むつもりです。」

b) 副詞節

Eu viajarei assim que *juntar* dinheiro.「私はお金が貯まったら、旅行するでしょう。」

7 人称不定詞

〈活用〉不定詞 , 不定詞 , 不定詞 + mos, 不定詞 + em
▶主語の人称・数に従って変化します。

〈用法〉主文の主語と不定詞の主語が異なるとき、また同じであっても不定詞の主語を
明確化・強調したいときに用いられます。

Eu pedi para ele *ficar* em casa.「私は彼に家に居るように頼んだ。」

Vocês precisam estudar muito para que *passarem* na prova.

「あなたたちはテストに合格するために、たくさん勉強しなければならない。」

8 目的格人称代名詞の位置

▶ 【動詞 + 不定詞】（直接目的格の o, a, os, as の場合）→【動詞 + 不定詞 + 人称代名詞】

　不定詞の語尾の -r を落としハイフンをつけ、直接目的格人称代名詞の o, a, os, as を lo, la, los, las にします。アクセントに注意してください。

　　　levar + o(s) / a(s) → levá-lo(s) / -la(s)

　　　vender + o(s) / a(s) → vendê-lo(s) / -la(s)

　　　abrir + o(s) / a(s) → abri-lo(s) / -la(s)

Eu vou levar minha mãe.「私は母を連れて行くつもりです。」

→ Eu vou levá-la.

Eu vou vender o meu carro.「私は車を売るつもりです。」

→ Eu vou vendê-lo.

Eu vou abrir estes presentes.「私はこれらのプレゼントを開けるつもりです。」

→ Eu vou abri-los.

Salvador

〈規則動詞〉

不定詞 現在分詞、過去分詞	現在形	完全過去	不完全過去
[-ar 動詞] **morar** 住む morando, morado	moro mora moramos moram	morei morou moramos moraram	morava morava morávamos moravam
[-er 動詞] **comer** 食べる comendo, comido	como come comemos comem	comi comeu comemos comeram	comia comia comíamos comiam
[-ir 動詞] **partir** 出発する partindo, partido	parto parte partimos partem	parti partiu partimos partiram	partia partia partíamos partiam

〈不規則動詞〉

不定詞 現在分詞、過去分詞	現在形	完全過去	不完全過去
ser ～である sendo, sido	sou é somos são	fui foi fomos foram	era era éramos eram
estar ～である estando, estado	estou está estamos estão	estive esteve estivemos estiveram	estava estava estávamos estavam
dar 与える dando, dado	dou dá damos dão	dei deu demos deram	dava dava dávamos davam
dizer 言う dizendo, dito	digo diz dizemos dizem	disse disse dissemos disseram	dizia dizia dizíamos diziam
fazer ～を作る、～する fazendo, feito	faço faz fazemos fazem	fiz fez fizemos fizeram	fazia fazia fazíamos faziam

不定詞 現在分詞、過去分詞	現在形	完全過去	不完全過去
ir 行く indo, ido	vou vai vamos vão	fui foi fomos foram	ia ia íamos iam
poder 〜できる podendo, podido	posso pode podemos podem	pude pôde pudemos puderam	podia podia podíamos podiam
pôr 置く pondo, posto	ponho põe pomos põem	pus pôs pusemos puseram	punha punha púnhamos punham
querer 〜が欲しい、〜したい querendo, querido	quero quer queremos querem	quis quis quisemos quiseram	queria queria queríamos queriam
saber 知っている、〜できる sabendo, sabido	sei sabe sabemos sabem	soube soube soubemos souberam	sabia sabia sabíamos sabiam
sair 出る、出かける saindo, saído	saio sai saímos saem	saí saiu saímos saíram	saía saía saíamos saíam
ter 持っている tendo, tido	tenho tem temos têm	tive teve tivemos tiveram	tinha tinha tínhamos tinham
trazer 持ってくる trazendo, trazido	trago traz trazemos trazem	trouxe trouxe trouxemos trouxeram	trazia trazia trazíamos traziam
ver 見る、会う vendo, visto	vejo vê vemos veem	vi viu vimos viram	via via víamos viam
vir 来る vindo, vindo	venho vem vimos vêm	vim veio viemos vieram	vinha vinha vínhamos vinham

▶▶ VOCABULÁRIO 語彙集

▶▶ Unidade 1

Bebidas 飲み物 e Comidas 食べ物

água 水	café コーヒー	café com leite カフェオレ
chá 紅茶	refrigerante 清涼飲料水	suco ジュース
cerveja ビール	chope 生ビール	vinho ワイン
churrasco シュハスコ	coxinha コシーニャ	feijoada フェイジョアーダ
moqueca ムケカ	pão de queijo チーズパン	pastel パステウ

Artigos Escolares 学校に関する言葉

borracha 消しゴム	caderno ノート	caneta ペン
cola のり	computador パソコン	estojo ふでばこ
dicionário 辞書	lápis（単複同形）鉛筆	lapiseira シャープペンシル
livro 本	régua 定規	tesoura はさみ
aula 授業	biblioteca 図書館	enfermaria 保健室
escola 学校	ginásio 体育館	universidade 大学
pergunta 質問	prova テスト	sala de aula 教室
tarefa 宿題	férias de verão 夏休み	

Pronome Demostrativo 指示代名詞（中性形）

isto これ	isso それ	aquilo あれ

▶▶ Unidade 2

90

País 国名（定冠詞が付きます）

o Japão 日本	a China 中国	a Coreia（do Sul）韓国
o Brasil ブラジル	o Peru ペルー	os Estados Unidos アメリカ合衆国
a Alemanha ドイツ	a Espanha スペイン	a França フランス
a Itália イタリア	a Inglaterra イギリス	Portugal ポルトガル（冠詞はつきません）
a Rússia ロシア		

91

Nacionalidades 国籍「～人」、Línguas 言語「～語（男性形を用います）」（語頭は小文字で始まります）

japonês/japonesa	chinês/chinesa	（sul-)coreano/coreana
brasileiro/brasileira	peruano/peruana	americano/americana
alemão/alemã	espanhol/espanhola	francês/francesa
italiano/italiana	inglês/inglesa	português/portuguesa
russo/russa		

Conjunções 接続詞

e そして　　　　　　　　mas しかし　　　　　　　　ou または、あるいは
então それでは　　　　　por isso だから　　　　　　a propósito ところで

Profissões 職業

ator/atriz 俳優　　　　　　　advogado/da 弁護士　　　　　bancário/a 銀行員
cantor/ra 歌手　　　　　　　comediante コメディアン　　　cozinheiro/ra 料理人
dentista 歯医者　　　　　　　dona-de-casa 主婦　　　　　enfermeiro/ra 看護師
engenheiro/ra エンジニア　　　estudante 学生　　　　　　funcionário/a 会社員
garçom/garçonete ウェイター・ウエイトレス　　　　　　intérprete 通訳
jogador/ra de futebol サッカー選手　　　　　　　　　jornalista ジャーナリスト
médico/ca 医者　　　　　　　policial 警察官　　　　　　político/ca 政治家
professor/ra 教師　　　　　　vendedor/ra 店員

▶▶ Unidade 3

Caracteres e Aspectos Físicos 性格と身体的特徴

alegre 陽気な　　　　　　engraçado こっけいな　　　quieto おとなしい
tímido 内気な　　　　　　sério 真面目な　　　　　simpático 感じのよい
ativo 活発な　　　　　　　carinhoso 優しい　　　　inteligente 賢い
preguiçoso 怠慢な　　　　alto (背が)高い　　　　　baixo (背が)低い
magro やせている　　　　gordo 太っている　　　　　bonito うつくしい
forte 強い　　　　　　　　fraco 弱い

Adjetivos 形容詞

grande 大きい、広い　　　pequeno 小さい、狭い　　　comprido 長い
curto 短い　　　　　　　novo 新しい、若い　　　　velho 古い、年をとった
barato 安い　　　　　　　caro 値段が高い　　　　　fácil 簡単な
difícil 難しい　　　　　　bom/boa 良い　　　　　　mau/ruim 悪い
rico 裕福な　　　　　　　pobre 貧乏な　　　　　　divertido 楽しい
chato 退屈な(口語)　　　favorito お気に入りの　　interessante 興味深い
popular 人気のある　　　legal よい(口語)　　　　moderno 現代的な

Família 家族

avô 祖父　　　　　　avó 祖母　　　pai 父　　　　　　mãe 母
irmão 兄弟　　　　　irmã 姉妹　　　tio/tia 叔父 / 叔母　primo/prima いとこ
filho/filha 息子 / 娘　marido 夫　　esposa 妻　　　namorado/namorada 恋人
▶ pai「父」の複数形の pais は「両親」を意味します。
▶ irmão mais velho 兄　irmão mais novo 弟　irmã mais velha 姉　irmã mais nova 妹

92

Roupas e acessórios 服と身の回り品

blusa ブラウス	**casaco** コート	**calça** ズボン	**camisa** シャツ
camiseta Tシャツ	**jaqueta** ジャケット	**chapéu** 帽子	**cinto** ベルト
gravata ネクタイ	**meia** 靴下	**saia** スカート	**sapato** 靴
sandália サンダル	**anel** 指輪	**bolsa** かばん	**brinco** イヤリング
carteira 財布	**celular** 携帯電話	**chave** 鍵	**guarda-chuva** 傘
mochila リュック	**óculos** メガネ	**relógio** 時計	

Cores 色

amarelo 黄色い	**azul** 青い	**branco** 白い	**cinza** 灰色の	**marrom** 茶色い
preto 黒い	**rosa** ピンク色の	**roxo** 紫色の	**verde** 緑色の	**vermelho** 赤い

▶▶ Unidade 4

Verbos 動詞(*印のある動詞は現在形の活用が不規則です)

【-ar 動詞】

achar 思う、見つける	**acordar** 目覚める
ajudar 手伝う、助ける	**almoçar** 昼食をとる
andar 歩く	**apresentar** 紹介する
arrumar 片付ける	**avisar** 知らせる
buscar 迎えに行く、探す	**cantar** 歌う
chegar a ～ ～に着く	**colocar** 置く
começar 始める、始まる	**comprar** 買う
conversar 会話する、おしゃべりする	**convidar para ～** ～に招待する
cozinhar 料理する	**custar** 値段が～である
dançar 踊る	**dar**(*) 与える
descansar 休憩する	**ensinar** 教える
entrar 入る	**esperar** 待つ
estudar 勉強する	**experimentar** 試す
explicar 説明する	**falar** 話す
fechar 閉める、閉まる	**ficar** 滞在する、～にいる、ある
frequentar 通う	**fumar** たばこを吸う
gostar de 不定詞/名詞 ～が好きだ	**jantar** 夕食をとる
jogar (スポーツ、ゲーム)をする	**levar** 持っていく、(時間が)かかる
ligar para ～ ～に電話する	**limpar** きれいにする
mandar 送る	**morar** 住む
mostrar 見せる	**nadar** 泳ぐ
participar de ～ ～に参加する	**passar** 過ごす、通る、合格する
passear(*) 散歩する	**pegar** 捕まえる、乗る
pensar em ～ ～を考える、思う	**perguntar** 質問する
precisar 不定詞 / precisar de 名詞 ～を必要とする	**preparar** 準備する

provar 試す
terminar 終える、終わる
tocar (楽器を)弾く
trabalhar 働く
trocar de ～ ～を取り換える
viajar 旅行する
voltar 戻る、帰る

telefonar para ～ ～に電話する
tirar 取る、(写真・コピー・点数を)とる
tomar とる、飲む
treinar 練習する
usar 使う
visitar 訪ねる

【-er 動詞】
aprender 学ぶ
comer 食べる
correr 走る
escrever 書く
ler(*) 読む
nascer 生まれる
querer(*) 欲する
responder 答える
ter(*) 持つ
vender 売る

beber 飲む
conhecer 知っている
entender 理解する
fazer(*) ～する
morrer 死ぬ
poder(*) ～できる
receber 受け取る
saber(*) 知る、～できる
trazer(*) 持ってくる
ver(*) 見る

【-ir 動詞】
abrir 開ける、開く
conseguir(*) ～できる
dirigir 運転する
dormir(*) 眠る
ouvir(*) 聞く
sair(*) 出る

assistir a ～ ～に出席する、～を見る
desistir 諦める
dividir 分ける
ir(*) 行く
partir 出発する
vir(*) 来る

Expressões de Tempo ① 時を表す表現

hoje 今日
todos os dias, todo dia 毎日
todos os meses, todo mês 毎月
todas as manhãs 毎朝
no fim de semana 週末に

amanhã 明日
todas as semanas, toda semana 毎週
todos os anos, todo ano 毎年
todas as noites 毎晩
nos fins de semana 毎週末に

Modos 様態

(muito) bem (とても)上手に
muito とても
muito/muita/muitos/muitas たくさんの

mal 下手に
um pouco 少し

mais ou menos 大体、まあまあ

um pouco de 少しの

▶ Unidade 5

Frequência 頻度を表す表現

sempre いつも
normalmente 普段は
frequentemente 頻繁に
às vezes 時々
raramente まれにしか〜しない

uma vez 1 回	por dia 1 日あたり
duas vezes 2 回 +	por semana 1 週間あたり
três vezes 3 回	por mês 1 月あたり
muitas vezes 何度も	por ano 1 年あたり

Expressões de Tempo ② 時を表す表現（未来）

na próxima semana, na semana que vem 来週に
no próximo mês, no mês que vem 来月に
no próximo ano, no ano que vem 来年に   daqui a 〜 〜後に
um dia いつか

▶ Unidade 6

Meses 月（語頭は小文字で始まります）

janeiro 1 月	fevereiro 2 月	março 3 月	abril 4 月	maio 5 月
junho 6 月	julho 7 月	agosto 8 月	setembro 9 月	outubro 10 月
novembro 11 月	dezembro 12 月			

Dias da Semana 曜日（語頭は小文字で始まります）

domingo 日曜日	segunda-feira 月曜日	terça-feira 火曜日	quarta-feira 水曜日
quinta-feira 木曜日	sexta-feira 金曜日	sábado 土曜日	

Números Ordinais 序数詞

1° primeiro/ra	2° segundo/da	3° terceiro/ra	4° quarto/ta	5° quinto/ta
6° sexto/ta	7° sétimo/ma	8° oitavo/va	9° nono/na	10° décimo/ma

Estações 季節

primavera 春	verão 夏	outono 秋	inverno 冬

➤➤ Unidade 7

Estado de Saúde e Ânimo 体調・気分を表す形容詞

◆ 主語 ＋ estar ＋ 補語(形容詞)

alegre 嬉しい	**triste** 悲しい	**livre** 暇な	**ocupado** 忙しい
bravo 怒っている	**nervoso** 緊張した		**preocupado** 心配した
cansado 疲れた	**doente** 病気な		**resfriado** 風邪を引いている

◆ 主語 ＋ estar com ＋ 抽象名詞

fome 空腹	**sede** のどの渇き	**sono** 眠気	**calor** 暑さ	**frio** 寒さ
febre 熱	**saudade de ～** ～が懐かしい		**dor de** (痛む場所)～が痛い	

Partes do Corpo 体の部分

cabeça 頭	**olho** 目	**nariz** 鼻	**boca** 口	**dente** 歯
orelha 耳	**garganta** のど	**estômago** 胃	**barriga** 腹	**dedo** 指
mão 手	**braço** 腕	**perna** 脚	**pé** 足	

Lugares 場所を表す表現

em cima de ～ ～の上に	**embaixo de ～** ～の下に
em frente de ～ ～の前に	**atrás de ～** ～の後ろに
ao lado de ～ ～の横に	**entre A e B** A と B の間に
dentro de ～ ～の中に	**fora de ～** ～の外に
perto de ～ ～の近くに	**longe de ～** ～の遠くに
à esquerda de ～ ～の左側に	**à direita de ～** ～の右側に

Espressões Climáticas 天候表現

fazer ＋ 名詞(**sol** 太陽, **calor** 暑さ, **frio** 寒さ, **tempo bom** いい天気, **tempo ruim** 悪い天気)

chover 雨が降る	**ventar** 風が吹く	**nevar** 雪が降る
Hoje está quente. 今日は暑い。	**Hoje está frio.** 今日は寒い。	
Hoje está fresco. 今日は涼しい。	**Hoje está nublado.** 今日は曇っている。	

Prédios e Lojas 建物と店

banco 銀行	**correio** 郵便局	**hospital** 病院	**prefeitura** 市役所
aeroporto 空港	**estação** 駅	**parque** 公園	**praça** 広場
farmácia 薬局	**hotel** ホテル	**livraria** 本屋	**padaria** パン屋
bar 居酒屋	**balada** クラブ	**cinema** 映画館	**museu** 美術館
shopping ショッピングセンター		**supermercado** スーパーマーケット	
restaurante レストラン	**lanchonete** 軽食堂		**refeitório** 食堂

▶▶ Unidade 8

Expressões de Tempo ③ 時を表す表現(完全過去と用いられる)

ontem 昨日   anteontem 一昨日   na semana passada 先週に
no mês passado 先月に   no ano passado 去年に   há ～ ～前に

Expressões de Horas 時間表現

antes de ～ ～の前に   depois de ～ ～の後に   em ponto ちょうど
por volta de ～ ～頃

▶▶ Unidade 9

Verbos Reflexivos 再帰動詞(*印のある動詞は現在形の活用が不規則です)

apresentar-se 自己紹介する   casar-se com ～ ～と結婚する
chamar-se ～ ～という名前だ   deitar-se 寝る
divertir-se(*) em ～ ～を楽しむ   encontrar-se com ～ ～と会う
esforçar-se em ～ ～を頑張る   esquecer-se de ～ ～を忘れる
formar-se em ～ (～学部)を卒業する   interessar-se por ～ ～に興味がある
lembrar-se de ～ ～を思い出す   levantar-se 起きる
machucar-se けがをする   preocupar-se com ～ ～を心配する
queixar-se de ～ ～について不平を言う   sentar-se 座る

▶▶ Unidade 10

Expressões de Tempo ④ 時を表す表現(不完全過去と用いられる)

antes 以前   antigamente 昔

Educação 学校教育

crcchc 保育園   escola primária 小学校
escola do ensino fundamental 中学校   colegial(ensino médio) 高校
faculdade 学部   universidade 大学   Comércio 商学
Direito 法学   Economia 経済学   Enfermagem 看護学
Engenharia 工学   Filosofia 哲学   Informática 情報科学
Língua Estrangeira 外国語   Linguística 言語研究   Literatura 文学
Medicina 医学   Pedagogia 教育学   Sociologia 社会学
matéria 教科   ciências (exatas) 理科   educação física 体育
estudos sociais 社会   matemática 数学   música 音楽

▶▶ Unidade 11

Expressões de Tempo ⑤　時を表す表現（現在完了と用いられる）

recentemente / ultimamente 最近 **desde ～** ～以来

nestes dias ここ数日　　　**nestas semanas** ここ数週間　　　**nestes meses** ここ数ヶ月

▶▶ Unidade 12

Advérbios 副詞

rápido 速く　　　　　**devagar** ゆっくり　　　　**cedo** 早く　　　　**tarde** 遅く

Esportes スポーツ

futebol サッカー　　**beisebol** 野球　　　**basquete** バスケットボール　**vôlei** バレーボール

tênis テニス　　　　**tênis de mesa** 卓球　**badminton** バドミントン　**boliche** ボーリング

natação 水泳　　　　**atletismo** 陸上競技　**esqui** スキー　　　　　**judô** 柔道

açaí

ブラジル・ポルトガル語を話そう！

改訂版

検印
省略

© 2014 年 1 月 30 日　　　第 1 版 発 行
　2018 年 1 月 30 日　　　第 4 刷 発 行
　2020 年 1 月 30 日　　　改訂初版発行
　2024 年 1 月 30 日　　　第 4 刷 発 行

著者　　　　　　　　　重 松 由 美
　　　　　　　　　　　瀧 藤 千·恵美
　　　　　　　　　　　Felipe Ferrari

発行者　　　　　　　　原 　 雅 　 久
発行所　　　　株式会社 朝 日 出 版 社
　　　　〒 101-0065 東京都千·代田区西神田 3-3-5
　　　　　　電話(03) 3239-0271·72 （直通）
　　　　　　http://www.asahipress.com/
　　　　　　振替口座　東京　00140-2-46008
　　　　　　　　　　　明昌堂／図書印刷

乱丁，落丁本はお取り替えいたします
ISBN978-4-255-55505-8 C1087

本書の一部あるいは全部を無断で複写複製（撮影・デジタル化を含む）及び
転載することは、法律上で認められた場合を除き、禁じられています。

朝日出版社 ポルトガル語一般書籍のご案内

富野幹雄／伊藤秋仁　著

総合ブラジル・ポルトガル語文法

◇基礎からしっかり学べるポルトガル語の
　総合文法書。
◇これからの「未来」の言語、
　ポルトガル語の総合文法書。
◇序章＋10章（各章に２課、全体で20課）
　から構成。
◇適宜、分野別に語彙を提示。
　自ずと語彙力もアップ
◇2009年の新正書法に完全対応。

●A5判　●序章＋10章
●336p　●2色刷　●CD付
本体価格2800円＋税　（000712）

Helena H.Toida／
Mauro Neves Jr.／大野隆雄　著

こうすれば話せる
CDブラジル
ポルトガル語

◇現地会話＋文法＋表現＋現地コラム＋CD
　＝目からウロコが落ちるほどよくわかる。
◇ブラジル人なら誰もが知っている名曲を
　CDに収録。
◇99％、ポルトガル語にルビが付いていま
　す。
◇冒頭見開き４ページに広がるブラジルポ
　ルトガル語ワールド（ガチャマン）で「私」
　が使う表現を一望。

●A5判　●15課
●176p　●2色刷　●CD付
本体価格2600円＋税　（097016）

(株)朝日出版社　〒101-0065　東京都千代田区西神田3-3-5
TEL：03-3263-3321　FAX：03-5226-9599
e-mail：info@asahipress.com　http://www.asahipress.com/